みかぐらうた講話

安藤正吉

天理教道友社

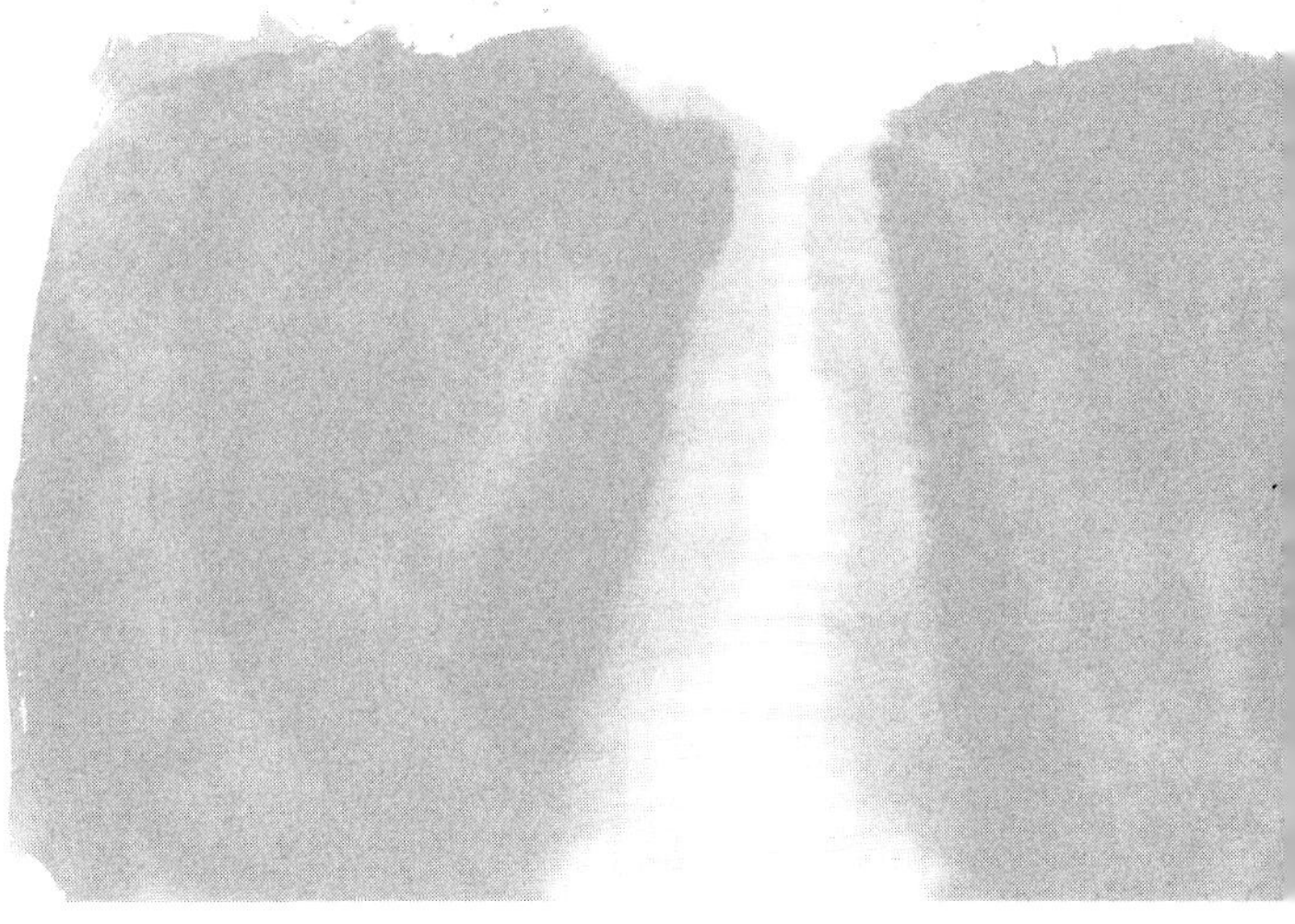

まえがき

本愛《ほんあい》大教会初代会長・安藤正吉《あんどうまさよし》は、妻ふくとともに大正初年に東京から名古屋へ単独布教に出て、約一年で百数十軒の信徒宅を得て、宣教所を設置しました。その後、宣教所は約三十年で本愛大教会に陞級《しょうきゅう》というご守護を頂きました。

この急速な道の発展は、どこに原因があったかと考えたとき、思い当たるのが、初代会長独自の率直かつ具体的な教理展開であり、その著作は一種の〝教理マニュアル〟であったと思います。たとえ教え子たちに優れた直感や特別な能力などの持ち合わせがなくても、実行する気さえあれば、誰《だれ》でも踏み行うことができる極めて臨床的な実践教理を説いたのでした。たとえば戦後間もない名古屋の町で、初代会長直伝の「身上さとし」を懐中《かいちゅう》に抱えた本愛の布教師たちが、互いに鎬《しのぎ》を削りながら布教に明け暮れていたことは事実であり、それは現在でも身上の諭し・悟りに使われています。

本愛には支教会時代から今日まで刊行されている『本愛』という月刊誌があり、初代会長は昭和二十五年（一九五〇年）八月から三十一年十二月まで「みかぐら歌講話」と題した稿を連載いたしました。それは、みかぐらうたをただ順番通りに解説したものでなく、折々に心に浮かぶおうたを台として、基本教理と自らの信仰を語るという形で続けられたのです。連載の終わった翌年に私が生まれ、同じ年の暮れに初代会長は出直しました。その十年後の昭和四十二年、初代会長十年祭の記念として本愛大教会から安藤正吉『みかぐら歌講話』を上梓《じょうし》、その後、昭和五十四年に天理教道友社から新書版『みかぐらうた講話』として発行されて、広く全教の目にふれる機会を得るに至ったのであります。

時代状況の変化とともに初版の表記を一部訂正、また全編を現代仮名遣いに変えつつ再刊された本書をあらためて読み返し、私も本愛の教え子として、初代の信仰の息吹を、もう一度学び直そうと密《ひそ》かに期するところであります。そして、本書が天理教布教者の実践的参考書として活用されることを願うものであります。

天理教本愛大教会長　安藤正治

目次

かぐらづとめの地歌

あしきをはらうてたすけたまへ
てんりわうのみこと

いままでの信仰の筋合いを細別すれば「拝み信心」「付き合い信心」「義理信心」「体《てい》裁《さい》信心」「困ったときの神頼み信仰」で、無理なお願いの場合によっては、うそつきの信仰もある。

人間は信仰の筋合いを知らないため、勝手出鱈目《でたらめ》の信仰をしても神仏は聞いてくれるものと思い違いをしておった者もある。果たして天に通じているかの如何《いかん》は、人間の悟る知恵によるのである。それを知らずして、聞き入れてくれたものと、それをあてに、また楽しみに好機を待っている。もし好機を与えられぬ場合は、神仏の価値なしとして無信仰者に入る人がある。それが積もり重なって無神論者ともなり、信仰を侮辱《ぶじょく》したり罵詈《ばり》したり、結果、妨害をすることが多々ある。いよいよ最悪の事態が発生したときに、初めて困ったときの神頼みとなる。

　元来、信仰の筋合いも知らず、単に利益《りやく》を頂くのみの信仰にて一定の方針を知らないのであった。それは人間がつくった信仰であるために、人間そのものの想像から勝手の信仰というものが出来上がったのである。神仏に喜んでいただかねばならぬのが信仰であるのに、苦しませるほうに利用するのである。言いかえれば神仏を苦しませるのである。そこで親神が、いままでの信仰は天に、また神に通ぜぬ場合が多々あるがゆえに、神に通じる信仰を教えられたのが、このお言葉である。すなわち、信仰の改革であることを悟らなければならない。

　人間は悪《あ》しき行いをした覚えがないけれど、天には天の法則があり、神には神の心があり、いずれも人間を取り締まる法則があるに相違ないのである。具体的に申せば、ほしい、をしい、かわい、にくい、うらみ、はらだち、よく、こうまん。これを細別すれば二十一のほこりというものがある。この二十一の法則に触れたもの、あるいは人間心の通るべき程度を越したものの心遣いがあしきとなり、ほこりとなるのである。ゆえに、その悪しきほこりを知ること、ほこりを納消《なっしょう》すること、悪しきほこりを掃除することなど、すなわち必ず心を美しく掃除いたしますから、おたすけを頂きたいというのが「あしきをはらうてたすけたまへ」ということである。親神様のご苦労を無にしていることとすべてを納消して、魂をきれいに美しくして、元の頂きたての姿にいたしますから、たすけていただきたいという意味が天にも通じるのであって、それで病気あるいは災難から、願いどおりにお聞き届けくださるのが、ご利益を頂いたということになる。なんとなれば、病の元、難儀の元は心からと教えられるように、自分がつくったのである。ゆえに、魂すなわち心が美しくなって、たすけてもらったことによって、病気・災難が後戻りしないようになるのである。これが病まず弱らず苦しまず、心身ともに陽気ぐらしとなるのである。

親神様を天理王命《てんりおうのみこと》と申し上げるのである。申し述べたごとく、何ごとを祈願するにも、無理なお願いをするにも、すべてのお願いに対しては反省の精神を十分取り調べたうえで、お詫《わ》びとか許していただきたいとか、この二つを先に申し上げることが、理を立ててお詫びを申すということになるのである。理を立てるということは、心のお詫びのしるしということになるのである。口だけでは天に通じないために、そのしるしが天に通じるのである。そこで朝夕のおつとめには、二十一の「あしきはらい」を申し上げるのである。申し上げた以上は、自分のあしきを見いだして、お詫びをするたびごとに心の改良もでき、心の欠点も見つかり、実行して朝夕ごとに自分の魂が美しくなりつつあるのを喜びながら、二十一遍のおつとめをさせていただくのでなければならない。さすれば日々魂の掃除ができたか、また知らず知らずほこりを積んでいることも、その日の心のほこり調べをして、もしその日にほこりを多く積み重ねた場合には、翌日は前日のほこりを今日のほこりに加算して納消しなければならない。それが魂の美しくなる心の針路である。そして、魂をきれいに掃除していくのを望まれるのが親神のお心であることを深く悟らなければならない。

ちよとはなし　かみのいふこときいてくれ
あしきのことはいはんでな
このよのぢいとてんとをかたどりて
ふうふをこしらへきたるでな
これハこのよのはじめだし

ちょっとの話である。ちょっとと呼んでくださる、引きとめてくださる理で、むつかしい話ではなく親神のいうことを聞いてくれ、と仰せられている。

悪《あ》しきのことはいわない。人間のために人間を苦しめることや、悪くすることではない。元来、この世の中というものは、地と天とを二つに割って、地は女の理、天は男の理によりて、夫婦というものをこしらえられたのである。これがこの世の初めで、世の中を生み出したのである。簡単にいえば、言葉どおりであるが、神様の思召《おぼしめし》はなかなか深い。

この世の中は元は泥海《どろうみ》世界であって、真っ暗であった。この泥海世界に水の神、火の神がおられて、天地を二つに開いて、人間をこしらえて陽気ぐらしをするのを見たい、また、人間をこしらえて楽しませたいとご相談が始まって、第一に天と地とを開いてくだされたのである。そして海・丘・山の三段にお分けくだされたのである。水の神はくにとこたちのみこと様と申し上げ、天となり月となりて夜お働きくだされ、地上では水のお働きを下さるのであり、男性となられる。火の神はをもたりのみこと様とお唱えし、天では太陽と現れ、地ではぬくみのお働きを下されて昼をお守りくだされ、女性となりてくだされる。そこで初めて夜・昼というものが現れ、水と火とのお働きを頂き、世の中ではぬくみ、水《すい》気《き》となって、また男女となってくだされたのであるが、世界万物が成立できたのは、天地をお造りくだされ、万物すなわち天然物をお造りくだされ、次に天地間の律をおつくりくだされたからである。

人間をお造りくだされるには、人間には衣食住が必要なため、人間の身体《からだ》よりも衣食住、すなわち天然物を先に造られたのである。また人間ができると同時に、人間には気まま勝手をせぬように天の法則、すなわち律をおつくりくださったので、人間はこの律、すなわち天則によって通ることを天の道とも申し、また神の道とも申すのである。

また、人間には男女の二つをこしらえ、夫婦となって子供を妊娠すると、一カ月目は水の神、すなわち人間の種を、二カ月目には、ぬくみの神が体内に入って子種を育てられ、三カ月目には、くにさづちのみこと様が皮膚のお働きを下され、物でいえば風呂敷《ふろしき》にて包んだものである。四カ月目には、骨の神が月よみのみこと様と申して、人間の身体には骨をお造りくだされ、ふんばり、つっぱりのお働きを、また世界では草木のつっぱりの守護を下さるのである。五カ月目には、口から胃腸から肛門《こうもん》にかけての消化器のお働きを下され、血肉を造ってくださる機械を造られるのであって、くもよみのみこと様と申し上げる。六カ月目には、人間に、五つの音の笛のごとき言葉のお許しを下さった神様であり、また世界では風の神であるかしこねのみこと様がお働きくだされ、七カ月目は、たいしよく天のみこと様と申して、切ること一切のお働きを下さり、人体のへその緒《お》を切ってくだされ、出産のとき子袋を切ってくださり、また悪縁のときは理を立てて切ってくださるのである。

八カ月目は、をふとのべのみこと様で、お産のときに陣痛を下さる神様であり、人間はじめ万物引き伸ばしのご守護を下され、これが、成長となり成長の神である。九カ月目は、一番最初の父親であるいざなぎのみこと様で男雛型《ひながた》・種となり、十カ月目は、最初の母親であり、いざなみのみこと様と申し上げる、すなわち女雛型・苗代《なわしろ》の神である。

その十の神が毎月受け持ちをなされて、人間が生まれるのである。すなわち、

　たいないゑやどしこむのも月日なり　むまれだすのも月日せわどり

おふでさき　六号　131

と仰せられてある。人間は最初の父母を知らぬ人がある。この父母によって立派な人間の人体が出来上がったのである。こういうことを天保《てんぽう》九年十月二十六日に、親神様にお声がないために、教祖《おやさま》の身体を神のやしろとして、教祖の口をもって物語りされ、人間は、親神様が人間の身体をこしらえてくださることを初めて知ったのである。

いままで人間は、人間の両親は知っていたけれども、人間の身体をこしらえてくださった親神様は知らなかったのである。ゆえに人間は、目に見えない神様のお働きを知らぬために、自然に成ってくる理を自然というていたのである。

人間の目に見えぬために、この世に神は無いという者もある。自然といっている者は人

の道を通っている者で、神の道を通る人は自然とはいわないのであって、目に見えない神の働きであるということをよく悟らなければならない。ゆえに「あしきのことはいはん」とおっしゃるのである。まだ人間の生まれてこぬときのことを教えておかないため、人間と物語りをせられたのである。

ゆえに夫婦というものは、天の働き・夫の働きと、地の働き・妻の働きとで和合せねばならぬ。夫婦の不和合は地震と同様である。天地がゆすぶれて、大地がゆれづめであるということを知らねばならぬ。夫婦の心が陰気であった場合は曇天《どんてん》となり、夫婦の心が大声をあげて勝手なことをいっているときは大風となり、それに涙を加えたものが嵐《あらし》となる。

子供の病気のある家は、夫婦の心が絶えず意見が合わないということである。また二十歳前後に子供が家出をするのは、一家の不和合のしるしであることを悟らねばならない。大きくいえば天地間の出来事というものは、小さくいえば一家の出来事になる。これは天の道理によって夫婦の心が、すなわちふた親の心が姿に現れているのである。一家を和合することは、薬代を払わなくても済むということになる。いつも晴天の心で一家に曇天もなく、大風もなく嵐もなく、愉快に世渡りをして家庭の円満をはかっていかなければならぬ。

あしきをはらうてたすけせきこむ
いちれつすましてかんろだい

「あしきをはらうて」のあしきとは、ほしい、をしい、かわい、にくい、うらみ、はらだち、よく、こうまんの、程度を越えたほこりをいうのである。

何ごとも程度問題であることは天理である。われわれ信者は、この程度問題を常に研究しておかねばならない。それを知らず知らず世渡りして、程度を越した心遣いのあしきが積もり重なっていくのである。今生としてはほこり、前生としては持ち越しの悪いんねん、これを払わなければならない。

このあしき、ほこり、いんねんは、肉体に積み上げてあるのではなく、心に積み上げてある。ゆえに心掃除ということになり、払ってほこりが消えれば魂が美しくなる。その美しさが長命となるのである。それを「たすけせきこむ」というのであり、これが親神様のお待ちかねである。お道の教人《きょうと》、信者は、心掃除をさせていただき、親神様にご安心いただくのである。この掃除を怠《おこた》った場合、または遅れた場合は、親神様に対してご心配をかけているのであり、親不孝といわなければならない。

「いちれつすましてかんろだい」と申すのは、世界中の人間は魂を掃除しなければならぬので、その掃除のできたものを「すまして」といわれるのであり、「かんろだい」とは、親神様が天から甘露《かんろ》水をお下げくだされ、それを頂いて百十五歳の定命《じょうみょう》をお与えくだされることを、神様が人間に対してお約束されたのである。

昔は「いちれつすますかんろだい」とのお言葉であったのであるが、「すましてかんろだい」と改めくだされたのであり、われわれ人間は毎日、人よりほこりを積まぬよう、人にほこりを積ませぬよう、そして、いままで積んだほこりを掃除せねばならぬ責任を持っているのである。もし、この掃除をせねば、短命に終わらなければならぬことを悟らなければならない。

私が子供のころ、静岡県に居住していたときに、村や町には百歳以上の老人が多数おられ、また七、八十歳の方は身体《からだ》も壮健でとても元気がよく、男ざかり女ざかりであって、いまの五十歳ぐらいの体格であった。ところが現代では七十、八十歳になると、大老人の仲間に入り、身体も十分に活動できない人が多いのである。諺《ことわざ》に「心配すれば寿命が縮まる」と聞いているが、いまの人々は世のため人のため国のための心配でなく、我が身、我が家族、我が子のための世帯生活の心配をしているのであり、これが短命に近づく元となるのである。昔と今とでは、生活環境が複雑になってきているのも一因ではあるが、また、我が身思案が多すぎるのが、その原因である。「我が身思案、我が身可愛《かわい》、第一のほこり」とお聞かせいただく。また、

口さきのついしよはかりハいらんもの　しんの心にまことあるなら

おふでさき　三号　39

と仰せられている。

誠真実というものは、人をたすけることが誠である。自分が楽をして安心を得よう、楽に通ろうとすれば、親を苦しめるか、妻は夫を苦しめるか、夫は妻を苦しめるか、いずれにしても我が身可愛すぎた結果である。

親神様は人間の心に、前生前生の持ち越しの肉体の遺伝、精神の遺伝の掃除をすることを仰せられたのである。掃除をした者には百十五歳の定命《じょうみょう》をお与えくださるのであるから、親神様にお世話をやかせぬようにほこりを払うと同時に、ほこりを積んではならぬのである。

よろづよ八首

よろづよのせかい一れつみはらせど
むねのわかりたものはない

生物の中で人間は万物の長とされている。人間には知・情・意が備わっているが、獣類、鳥類、魚・虫類などには備わっておらず、あってもその一部だけである。親神様は、この万物の長である人間を我が子と仰せられて、人間の心をみはらされたのである。「むねのわかりたものはない」とは、親神様を知らず、親神の心を悟った者は、万物の長である人間でも一人もいない。すなわち、親神様と子供（人間）の関係を悟った者はないということである。

元来、人間は水中の住居《すまい》から始まって、二足時代、四足時代と進化して、最後に手二本足二本である「さる」となり、人間の姿となったのであるが、人間はただ産みおろしてくれた親は知っているが、天地を開き万物を造り人体を造られた元の親であって、天には天の法則をつくられ、霊魂を与えられた人間には知・情・意を備えられて、そのまさに人体に入り込まれ、人間の心を取り締まりくだされている親神様を知らぬ。よって親神様は、人間とは子供であると物語りをしたことがないために、未《いま》だ親神様の心が分からないのである、とのことである。

そのはずやといてきかしたことハない
しらぬがむりでハないわいな

そこで親神様は、人間と親子の物語りをしたことがないから、知らぬが無理ではないと、やさしくおだやかな慈愛のこもったお言葉を下されたのである。すなわち、教えておかなかったから無理ではなかったという簡単なお言葉である。

なれども世の中には、知識の深く進んだ人もあり、また学問を深く究《きわ》めた人もあるが、この親子の物語は学問からの知恵でなく、また人間心から出た知恵ではないから、いまの人間でも親神様のお話を聞かない人は、この親子関係は分からないのである。お道の布教師が日々おたすけに出ても、学者だからとか、知恵者だからとかいって、親神様の親子物語を知っていると思っておそれる必要はさらにないのである。これは知っているはずはなく、教えておかなかったから知らぬが無理でないという理となっているのである。

また、科学的進歩と精神的進歩と二つあるが、科学的進歩は知・情・意で発展し進歩してきたのであり、そこに親神様の言葉を直接聞いたことはないという理を悟らなければならぬ。いままでは人間と人間との知識の交換によって、研究され進歩してきたのである。この世の中の始まりには、何ごとにでも元がなければならないことを悟らなければならないのである。人間の生まれる前、また天地の開ける前のすべての道理を、いままでは一度も説いて聞かしたことはないと仰せられた、と悟らせていただくのである。

このたびはかみがおもてへあらハれて
なにかいさいをとき丶かす

「このたびは」とは、天保《てんぽう》九年十月二十六日であって、人間創造時より九億九万九千九百九十九年経《た》った日に当たり、この刻限は一時間も早めることならず、一時間も遅らすことができないのである。すなわち、中山家の主人善兵衛《ぜんべえ》様の妻みき様の身体《からだ》を神のやしろに差し上げたのが十月二十六日であって、この日にお道で最も理の重い秋季大祭が執行される。この天保九年十月二十六日に、教祖中山みき様《おやさま》の口をもって言わしめたことを「かみがおもてへあらハれて」というのである。

「かみがおもてへ」とあるが、これは、それまでは裏であり、かげであったことを悟らなければならぬ。そこで、いまの人々の口に「おかげさま、おかげさま」という言葉が残っている。何ごとでも、かげをさしてくだされなければ、おかげということはできない。かげをさすのは月日よりほかにはない。月は水、日は火である。水のたまったところには、かげがうつる。また火の燃えたところには、かげがうつる。天では月様日様がかげで、地上では火水がかげである。ゆえに、この神様を月日の神様と申し上げて差しつかえないのである。また、親神様も月日であると仰せられているのである。

この月日の両神が人間を造られて、人間同士が仲よく楽しんで世渡りさせたいと思召《おぼしめ》されている。また、その子供たちの仲よく暮らすのを見て、ともに楽しみたいのが親神様の思召《おぼしめし》である。しかるに人間同士が争いをしたり、互いに反目《はんもく》して傷つけ合うのでは、親神様は喜んでおいでになるはずもないのである。われわれ人間は、あくまで仲よく楽しく暮らして、親神様に喜んでいただく精神を一時間も忘れてはならぬ。

そこで「かみがおもてへあらハれ」る以前は、人間同士が相談をして仲よく暮らそうではないか、という精神で出来上がったのが道徳の教えである。その道徳を手本にして実行された方々が、それを書物に著して教えを残し、また亡くなられても神社仏閣に祀《まつ》られて徳を後世に残され、後の人々がその道徳を守って永年経過してきたのであるが、人間は善《よ》きほうへ進む者もあれば、また悪いほうへ進む者もあり、人間のつくった道徳ではついに行き詰まりが来ることには相違ないのである。

そこで親神様が「なにかいさいをとき、かす」と仰せられ、すべての細部にわたってくわしくお説き示されたのである。人間を造られる前のいわれや、人間ができて後も、人間の知識学問で判断できないすべての原因結果について説き明かされたのである。それまでは人間の教えを守って通ってきたので、人の教えを実行した理になるが、天保九年十月二十六日からは神の教えを頂いたのであるから、人間はだんだん神の教えへと転換して、その道を歩まねばならぬのである。

科学は精神と違って大進歩なるも、科学的進歩の行き詰まりは自然天然が行き詰まるのであり、精神的進歩の行き詰まりは自暴自棄《じぼうじき》で、煩悶苦悶《はんもんくもん》、ついには自殺で終わるのである。すべて行き詰まりは人間の知識で判断できぬところに原因があるのであって、科学的方面または精神的方面の研究に従事している人たちも、親神様の教えを聞いて微に入り細にわたって研究すれば、決して行き詰まりはないのである。

　親神様は肉眼で見ることはできぬが、心の眼《め》で見ればすべてにわたって生きて働いてくだされることが明らかになる。全智全能の親神様のお心とお働きが分明された以上、次に心の存在と心の働きが明らかにされ、この二つが明らかになれば科学的にも精神的にも行き詰まりは必ずないと申しても過言ではない。現在の世の中は、科学はいうまでもなく大いに進歩しているが、精神的進歩が非常に遅れているのであって、われわれ天理教信者はいさいをしっかり勉強し研究して、物質文明と並行して人間の精神を立派につくり上げることに精進して、親神様へご奉公しなければならない。これが親神様への親孝行となるのである。

　また人間としては、親神様の教えによっていさいが分明されれば、煩悶苦悶もなし、自殺という言葉も出ず、何ごとにも判断力ができて、したがって善良な判断力がついて幸福となるのである。これが精神づくりであり、心の成人である。結局、神人合一してともに和楽し、陽気ぐらしの根本をつくり上げるのである。これが人間として親神様に対する親孝行であり、お道の布教師の使命であり、それがやがてはかんろだい建設となるのである。

重ねていう。われわれ布教師たるものは「なにかいさい」を極力勉強し研究して、親神様のご理想を伝達せねばならぬのである。

　このところやまとのぢばのかみがたと
　いうていれどももとしらぬ

いまの奈良県天理市三島《みしま》町に、月日両神をはじめとして、道具雛型《ひながた》衆の神々様のお住まいくださる場所を神のやかた、すなわちかみがたと言葉でいっているけれども、みな元のいわれを知った者はない。

一般的に、かみがたというのは、元天皇の皇居とあらせられている方面をいったのであり、明治維新のとき、京都から東京へ遷都《せんと》されたため、東京方面を上方《かみがた》というようになったと考えられるが、このかみがたは神の館《やかた》の意味でおぢばである。

ぢばは火、水、風の親神様のお心のお住居《すまい》場所、天地を開き万物を造り、人間をお造りくだされた親神様がお住まいくだされる場所で、人間にとっては身体および霊《みたま》の生まれ場所にて故郷であり、世界の大霊地であるが、このことを知っている者はないと仰せられたのである。

このもとをくはしくきいたことならバ
いかなものでもこいしなる

ぢばのいわれ、すなわち親神様のお住居場所であり、また人間の生まれ故郷であることを聞かせていただいたならば、日本人でも外国人でも恋しくなるのである。人間を生んでくだされた親神様のいわれの元が分かれば恋しくなる。わけても人間の身体をお造りくだされ、ぬくみ、水気《すいき》、つく息ひく息として身体にお入り込みくだされ、一分間も絶え間なくお働きくだされる親神様であることが分かったならば、恋しくなり、なつかしくなるというのである。すなわち人間を造られた親と子の対面であり、この親の尊い教えを聞かせていただいて、元のいわれがくわしく分かったならば、誰《だれ》でもありがたくなり喜べるようになるのである。これ以上の喜びはないといっても過言ではない。

いままでは人間を造られた親神様のおられることも知らないし、自分の身体が造られたことも知らず、ただ自分を生んでくれた親よりほかに親はないと思っていたのである。

き、たくバたづねくるならいうてきかす
よろづいさいのもとなるを

お道の人が他の人から、天理教の教えはどういう教えであるかと聞かれたならば、よろず（万）の細かい元の話を聞かせるのである。親神様にはお口がないために、われわれお道の教人《きょうと》、信者が神の名代《みょうだい》として説き聞かさなければならぬのである。それを、やたらに天理教の教えで病気が治るとか、夫婦和合せねばならぬ教えとかいうことを説くために、反対者が出たり、また笑いそしられるのである。

医学知識のある人からは、病気が神様で治るならば医者・薬の必要はないと、たちまち反対され笑われるのである。また、夫婦和合する教えであると説いたときには、いままでの道徳の教えではないか、道徳の教えのやき直しではないかと、これも笑いそしられるので、ついにその人は信仰精神を失ってしまうのである。

そこで、お言葉に、

このみちハせかいなみとハをもうなよ　これまつだいのこふきはぢまり

おふでさき　五号　18

と仰せられている。

「せかいなみ」とは、人間がつくった教えであり、道徳の教えであるということである。天理教の教えは親神様の教えである。かしもの・かりものを台としての教えである。かしもの・かりものを台としての、すべてのよろづいさいの元を説き聞かしたなれば、学者も医学者も、かような教えは聞いたことがない、書物でも見たこともない、これでこそ親神様の教えに相違ないということになれば、ぜひお話を聞かせていただきたいと要求することになって、ついにお道の信者となることができるのである。

　前述のごとく、世界の人から天理教の教えを聞きたくてたずねられたときには、神の名代として返事をするように、というのがこのお歌のお言葉であり、われわれ教人はよろづいさいの元を十分に明らかにして説明し、納得させ、入信させるだけの教人にならなければならないのである。

かみがでゝなにかいさいをとくならバ
せかい一れつはいさむなり

親神様が教祖の身体を神のやしろとして貰《もら》い受けなされて、教祖の口をもってお説き示されたことが「かみがでゝ」ということである。何ごとも、よろづいさいの細かい教理を説いてくだされたので、これを世界の人々に取り次いだならば、人間はみな心が勇むのである。この勇むというのは、ありがたい、嬉《うれ》しい、結構ということで、そこにはいささかの不平不満も不愉快もなくなり、陽気ぐらしとなるのである。

一れつにはやくたすけをいそぐから
せかいのこゝろもいさめかけ

日本人でも外国人でも、親神様はたすけを急いでくだされるのであるから、なお一層互いに勇んで、親神様に対しては感謝報恩の精神を奮《ふる》い起こし、つとめ一条、たすけ一条、にをいがけを急ぐなど十分にさせていただき、我が身を忘れて働かねばならぬ。

かくすれば怠《なま》け者は一人もいなくなり、自暴自棄《じぼうじき》になる人もいなくなり、親子、兄弟、夫婦の争いもなくなり、法律や警察に厄介《やっかい》になる者もなくなるのであって、神の教えによって互い立て合いたすけ合《お》うて、陽気ぐらしの世界の建設に邁進《まいしん》しなければならぬのである。さすれば世界は平和主義となり、人間同士は兄弟同様の精神となり、あまつさえ日本の国は親神様のお住居場所と判明すれば、各外国は日本に対し敵対行為をするものはないのである。それによってかんろだい世界が出現することとなるのである。

一下り目

一ッ　正月こゑのさづけは　やれめづらしい

「正月」とは物の始まりであり、また人間創造の始まりである。

人間は創造以来、水中の住居《すまい》からだんだん成人して二足、四足になり「さる」になったが、「さる」までは言葉が出なかったのである。それが人間の肉体を備えるようになって初めて言葉を授けていただいたのである。言葉を頂いてから人間は知恵、学問と、順々に仕込みを受けたのである。

また「こゑ」のことを肥料とも仰せられている。昔はぬか三合、灰三合、土三合で肥のさづけを頂いたのである。それが普通の肥料より効果があったので「めづらしい」ということになったのである。また、前述の言葉の出始めたのも「めづらしい」ということになる。「さづけ」というのは親神様より神の知恵を頂く、また、たすかる理を頂くことをいうのであり、人間の知恵で判断できない不思議な理を親神様から頂くのである。昔から正月元旦はその年の初めで、一年の計は元旦にありといわれるとおりで、元の初めの記念日といわなければならない。

二二　につこりさづけもろたら　やれたのもしや

親神様はこのお道を開いて、人間をたすけてやりたいため、また、たすけさせてやりたいために、おさづけの理を下されたのである。

そのおさづけの理と申しても、水のさづけ、息のさづけなどがあるが、現在は九度の席を頂いて十カ月目に尊いおさづけの理を拝戴《はいたい》するのであって、生涯のお宝を頂戴《ちょうだい》したときは、なんともいえないありがたさ、勿体《もったい》なさ、嬉《うれ》しさに満ちあふれた心持ちになるので、そのときの心を「につこり」というのである。これほど楽しみなことはないのである。このさづけで難病もたすかり、命ない者もたすかる、生涯の心の宝といわれるのである。

しかるに、この尊いお宝を頂戴しっ放しにして、人をたすけるご用に使わない人や、そのましまい込んでおく人や、また、一つの身上が現れて初めておどろいて使う人もあるが、生涯の宝であることは言うまでもない。おさづけと誠真実とは裏表であって、誠を多く出すことによっておさづけのこうのうを十分に頂くことができるが、誠の出し方が少ない人は、おさづけのこうのうを十分に頂けない場合もある。この道は医薬をもってたすけるのではなくて、誠真実よりほかに神様のお働きを頂く道はないのである。

　おさづけを使わせていただくということは、親神様の名代《みょうだい》となることであって、この上ない尊い理である。普通、人間ならば人間の代理をすることもあるが、天地を開き万物を造り人間の身体《からだ》を造り、さらにぬくみ、水気《すいき》、つく息ひく息として肉体にお入り込みくだされている親神様の名代となるのであるから、こんな結構な尊い名代は、またとほかにないのである。また、これが親神様に対しての親孝行の筋道であり、人間同士のたすけ合いである。

　人間は霊魂不滅であって、前生前々生よりの持ち越しの親不孝いんねんの人々は、このおさづけを使わせていただけば、親不孝が親孝行と変わることになるのである。ゆえにおさづけを十分使わせていただく人は、長命となることができるのである。長命をしたいならば、おさづけの理を戴《いただ》いて魂を掃除し、また相手の魂を掃除して、おさづけのこうのうを十分に頂いておれば長命となるのである。毎日何人でも、多くの人におさづけを使わせていただいたときは、その日はなんともいえぬ楽しさに満たされるのであって、一人も一回もおさづけを使わなかった日には、魂についたほこり、いんねんが現れてくることになる。そのいんねんの中に、いんねん病気というものがある。また、いんねん事情もある。この二つが一つになって現れてきた場合は、いんねん負けをして、取りかえしのつかぬことが現れてくることがある。

ゆえにおさづけを使わせていただいて心を掃除すれば、身上も事情も結構にご守護いただけるので、神様が生涯の宝と仰せられたのである。このおさづけは満十七歳より戴けるもので、無形財産としては、これほど大きな財産はない。おさづけの理を戴いている方は、いんねん病気が出た場合に、たすかる道が授かるのである。これこそ生涯のお宝で、「たのもしや」と仰せられたのである。

三二　さんざいこゝろをさだめ

このお言葉は、信仰の浅い深いによってそれぞれの悟り方があると思われるが、最初は

「三才こころ」をさだめるように、とのお言葉と悟るのである。すなわち三歳の子供の心になって、こうまんも深欲も出さないように、と悟るのである。

たとえて申せば、子供がお菓子を握っている。ところが、また別のお菓子を出されると、握っていたお菓子を捨てて、そのお菓子を貰《もら》う。手に握っているものを捨てたので、また握る理ができてくる。すなわち欲の離れた心となるのである。

また人間は、出世をするということが恩を返すこととなるのである。生みの両親はいうまでもないが、人間を造られ肉体に入り込んで守護くだされる火の神、水の神、風の神である親神様の大恩を知らなければならない。身上は親神様からのかりもので、それによって人間は働いて金銭の収入を得、その収入が衣食住となって日々不自由のない生活をさせていただくのである。ゆえに、そのかりもののありがたみや、天のご恩返しとも神のご恩返しとも聞かせてもらっていることが、なかなか悟れぬのである。この大恩を知らなかった人間が大多数であった。いままでは私の身体で私の働きであるから、収入は私のものであると思う人間本位、物質本位、科学万能の考え、親神様にはお世話になっていないという考えで、親神様の大恩を知らなかったのである。そのうえ親神様のご存在も知らぬのであった。現在でも、このように考えている人が多数である。

親神様の大恩が重なると、ついには牛馬《ぎゅうば》の道が見えるとまでお聞かせくだされている。そこで人間が出世できないのは、大恩を知らぬのが一大原因である。大恩を果たしていくこと、減じていくことが「さんざいこころ（散財心）」であると私は悟っている。すなわち、出して入るのが天理である。この散財心が出世の糸口となり、出世の道となり、衣食住に不自由しないことになる。

そこで、人間をお造りくだされたくもよみのみこと様の働きは、天では水気上げ下げ、身の内では飲み食い出入りの働きを下さるのである。

人間が幸福になる筋道は、井戸の水と同じことで、井戸は汲《く》まなければ新しい水は湧《わ》いてこない。すなわち、出して入るという理である。飲み食い出入りでも、便通がつかえた場合には、浣腸《かんちょう》したり下剤をかけたりして通じが出て、初めて食欲が出てご飯が頂けるようになる。これも出して入るという理になる。銀行の帳面でも金銭出納《すいとう》簿としてあり、また商人の帳面も金銭出入《しゅつにゅう》帳とある。また、農家の方が高い種や肥を買ってまく。旬が来て種をまけば必ず芽をふき、収穫する。これも出して入るという理になる。また、働くので給料が頂けて食べられる理になる。これも、働くということは出す理で、食べるのは入る理で、出して入るということになる。

そこで親神様が、ご恩返しをしていくことを「さんざいこころ」と仰せられたのではないかと思う。私は、このお言葉を最初から実行してきた結果、親神様のお言葉には違うことはないと悟らせていただいている。

前述のごとく、井戸の水の汲み出しと飲み食い出入りとは同じ理であるが、雨が降るということは水気上げ下げと聞かせていただいたとおり、地上の水気が天に昇《のぼ》って雲をおこし、雨となるのである。これが水気上げ下げの理である。昔から「至誠《しせい》天に通ず」というごとく、人間の誠も天に通じてご守護いただき幸福となるのである。恩を返すということは誠の心が天に通ずるのである。天に通じないものは、お恵みを頂くことができないのである。神様は、この恩を返す心を定めるように、とおっしゃっている。しかるに人間は、恩を返すよりも恩を着せるほうに重きをおいている人のほうが多い。それでは、お恵みを頂くことができないのである。親神様は、

むりにどうせといはんでな　そこはめい〳〵のむねしだい　七下り目　6

と仰せられている。人間はしっかりと神様のご恩を悟って、ご恩返しをする精神を持たねばならぬ。

四ッ　よのなか
五ッ　りをふく

そこで、この心定めを実行するのには「四ッ　よのなか」「五ッ　りをふく」と仰せられている。「よのなか」とは畑と同じように悟って、善《よ》きことも悪《あ》しきこともみな、めいめいの行為が種であって、その種を神様がこの世の中にまいてくださる。そのまかれた種が「理をふく」と申して、種が割れて芽が出て、花が咲いて実が結ぶということになる。すなわち、自分の行ったことはみな自らのことになるということである。幸福も自分が種をつくるのである。

また、病気・災難もみな、自分がつくっていることを知らねばならぬ。ゆえに、人々は善き行為をせねばならぬと悟って、どんどん善き種をまくようにせねばならない。

六ッ　むしやうにでけまわす

そばからそばから芽が出、花が咲き、実が結ばれて幸福を収穫できるのである。また、これほど楽しみな教えはない。しかるに世間の人々は〝苦のしゃば〟といって厭世《えんせい》したりするが、自分の行いが種となって幸不幸が現れてくるのが分かったならば、世の中はみな〝苦のしゃば〟でなくなる。神様へご恩を返す善き種をつくり、親孝行さえすれば幸福となるのである。親神様は「ここはこの世の極楽である」と仰せられている。元来、この教えは自力信仰であって、自分の誠の心が天に通じさえすれば必ず幸福を頂くことになっている。ゆえに水気上げ下げ、飲み食い出入りと同じ理である。金銭は貴いものであるが、金銭を殺して使う人も生かして使う人もある。生かすということは、ご恩返しをして天の畑にまくことで、多くまいた人が有徳者となり、衣食住に不自由しない。不徳者は金銭を我が身、我が子、我が家へ、ややもすれば無駄《むだ》なところへ殺して使う人である。お互いに深く悟って善き種をまいて、衣食住に恵まれる道を実行しなければならぬ。

七ッ　なにかにつくりとるなら
八ッ　やまとハほうねんや
九ッ　こゝまでついてこい
十ド　とりめがさだまりた

すべて何ごとに限らず、旬に種をまいたものは必ず芽が出てくる。一つの種をまけば一つより芽が出ない。三つの種をまけば三つの芽、十の種なら十の芽が出る。それを丹精させていただいて修理肥をしたならば、必ず農作物と同じごとく収穫できるに間違いないのである。

親神様は日本（やまと）がお住居《すまい》場所であり、日本人がお膝元《ひざもと》の子供であるので、豊年にしてやりたい、衣食住を不自由ないようにしてやりたい、さすれば一人も貧乏者のないように、外国人の模範としてやりたいと思召《おぼしめ》されている。また親神様は、人間が神の心を悟ってたすけ一条の道に尽瘁《じんすい》すれば、百十五歳の定命《じょうみょう》まで保たせてやりたいとの思召《おぼしめし》であるから、途中で信仰をやめたり悟り違いをしないように「こゝまでついてこい」と仰せられ、親神様は親であり人間は子供であるから、この親子関係を悟り、喜びの精神が自発的に出るまで信仰を続け、かつ実行してもらいたいと思召されるのである。

すなわち「とりめがさだまりた」と仰せられるように、子供の陽気ぐらしを見て、神もともに楽しみたいという思召に沿って、道の信者はすべて我が身思案をすっかり取りさって、親神様に喜んでいただく親孝行の理を、十分に積むよう決心してもらいたいということを聞かせていただいたのである。

二下り目

とん〳〵とんと正月をどりはじめハ
　　やれおもしろい

お言葉どおりで、年の初めの正月から陽気なかぐらづとめは、心が澄んで本当に楽しく面白《おもしろ》くつとめることができるということである。

二ッ　ふしぎなふしんかゝれバ
　　やれにぎはしや

「ふしぎなふしん」というのは心のふしんである。元来、人間は心を拡大し、度胸のある、勇気のある、いままでの小さい心を大きな心に変えていくということが、この信仰の要諦《ようてい》であり、言いかえれば心の持ち方、使い方を新築なり増築なりして心の立て替えをすることを心のふしんというのである。

人間は成長すればするほど、金銭や衣食住に心をとらわれて心の成人を怠《おこた》り、ついには尊い心が金銭のどれい、あごのどれい（あごとは衣食住のことをいう）となって心より物質のほうが大事となり、物質に籠絡《ろうらく》されるので、人間としての価値がなくなって鳥類獣類の仲間にひきずられるのである。人間は万物の霊長とまで謳《うた》われているのに、金銭や衣食住にとらわれているような小さな精神では、人間を創造された親神様に対して申し訳ないことである。人間は鳥類獣類と違って知・情・意という精神上の実《じつ》を与えられているのであるから、金銭を生かす使い方一つで金持ちになったり貧乏したりするという天理の理法を悟り、我が身思案、我が身可愛《かわい》いの個人主義にとらわれるようなことではならぬのである。

親神様は、人間の心の成人を待ちかねてくだされているのであって、成人とは前述のごとく慈悲寛大、感謝報恩の精神をもって、人のため、神恩のため生涯を果たすので、そこに人間としての価値があるのである。たとえて申せば人間は奉公主義、個人主義、利己主義の三つのうち、いずれかを持っているのであり、そのうち個人主義や利己主義は、知らず知らず鳥類獣類の仲間に入っていくのであって、奉公主義のみが人間の価値を向上させるのであり、これが神様のお働きとして、肉体は長命となり衣食住を与えられる根本となるのである。

親神様は、人間は恩が重なるそのうえは牛馬《ぎゅうば》の道が見えると仰せられ、人の心をたすけて我が心がたすかるという大教理を教示くだされたのである。いままでは一家さえよければよい、自分さえよければよいという精神で、親神様の思召《おぼしめし》とは全然違っていたのであり、そのとおりにだんだん心がせまくなり小さくなってきたのである。

そこで心の立て替えということが、心のふしんということになり、そのふしんは、形のふしんに力を入れた理が心のふしんの動機となるのである。親神様は心のふしんについて、形のふしんのごとく、「だいく」といい、「とうりよう」という、形のふしんのはたらく理を教えてくだされたのである。前述の人の精神をたすける理がたすかると教えられるごとく、われわれ教人《きょうと》・信者は、神様の、人の心の立て替えのお仕事に対して大工として、棟梁《とうりょう》として、人間の心を立て替えさせていただく道具とならねばならない。

また、単に衣食住と申しても、食べることについてはみな美食粗食にかかわらず食べるのであり、また衣類といっても美服粗服の区別はあるにしても、とにかく生きていかれるのであり、衣食住のうち住居ほど大切なものはないと痛感しなければならない。

無理に新築をしても、火災にあう人も売却する人もいくらもある。人間には身体《からだ》と住居とは別のように思えるが、この教理を聞かしていただくと、魂の住居が肉体、肉体の住居が住宅であって、同じようなものであることを悟らなければならない。

そこで神様は、心のふしんは形のふしんであるとお教えくだされた。すなわち家に不自由する人は形のふしんが天から与えられぬ、授からぬと考えねばならぬので、私が悟らしていただくと、親神様のお住居《すまい》場所を建てる理が自分の心の住居場所、すなわち自分の身体をおさめる住居と同じ理になるもので、ふしんに力を入れることは、いずれの日にか自分の住居を与えられる一つの種まきとなるのである。

このご教理を聞かしていただくと、この天理の理法は原因あって結果を生ずるというもので、これは種をまいて芽が出ると同じようなものである。すなわち、ひと口に申せば、世の中の人々のすべてのことは収穫と種まきの二つに帰するわけである。収穫が出世をする根本になるのであるが、収穫は種まきが第一でなければならない。種をまいてこそ収穫が得られるのである。みかぐらうたに田地田畑の理が説かれてあるが、これは「地」の田地田畑でなく、「天」の田地田畑であることをご教示くだされたのである。天にも地のごとき畑のあることを悟らなければならない。

天の苗代《なわしろ》は神のやかたと聞かしてもらい、天の畑は人間の心であり、魂である。「種は正直」といって、地の畑ではキュウリの種ならキュウリ、ナスの種ならナスが実るごとく、種どおりのものが必ず生え、実がなるのである。天の畑においても、そのとおりであって、心遣いのとおり、それが種となって芽が出てくるのである。

三ッ　みにつく

「三ッ」とは火、水、風のお働きである。この三つが人間の身体を生かしていただく根本になるのである。「火と水とは一の神、風よりほかに神はなし」とお聞かせいただく。いままでは水は天から雨となって降り、地から井戸水、泉などで湧《わ》いてくるものと思っていたため、水のお働きが神様とも思わず、大切なものとも思わなかったのである。また、火は天よりぬくみとなり、昼間は太陽の光となって与えられるので、これらはみな自然現象だとして神様とは思わなかったのである。また、風は自然に吹くものであって、風の効能についても少しもありがたく思わなかったし、風の神のお働きとも思わなかったのである。

しかし、この教えを聞かしていただいて初めて、世の中で最も尊い、ありがたいものは火、水、風であるということが分かってきたのである。第一に、人間はじめすべての生き物は水がなければ生きてはいかれないし、また太陽のお照らしとぬくみがあってこそ人間が働け、また万物が育つのである。もし太陽のお照らしがなかった場合は闇夜《やみよ》と同じようなもので、第一、人間は仕事をすることはできないのであって、太陽のお照らしがあって初めて人間は働くことができると悟らなければならないのである。

また、風があるために農作物に虫がつかぬようになり、空気の流通があるために室内でもきれいな新しき空気を吸わせていただける。人間の言葉遣いができるのも、風の神が人間にのど笛をつけてくださるために話をすることができるのである。人間の呼吸も、この神様のお働きによるものである。

この火、水、風の神の三大恩を受けて人間は生かされているのであって、この三大恩の欠けた場合には生きていくことができないのである。

いままで信心する神様というのは、人間に対して、これというお働きをしてくだされない。人間が拝めば多少のご利益《りやく》を下さるとしても、口も声もないし、人間の悪《あ》しき心遣いに対して注意を下さらなかったし、また拝む者にとっても自分の心が神様に通じたかどうかは、はっきり分からなかったのである。

そこで前に述べてきたとおり、人間の身体は水から始まってぬくみを頂き、皮ができ、骨ができ、胃腸の機械が備わり、背を伸ばしていただいて、順次に神様がこの人間の身体をお造りくだされたことが分かったのである。また動物、植物はもちろん五穀野菜に至るまで、水から始まって暖かみを頂いて生成化育するのである。

そこで水の神は、天では月となって現れ、人間身の内では目うるおいのご守護を下され、世界では水を造るお働きを下さるのである。また、この神様は、かげの神様で男性となってくだされるのである。

水は人間の生存上欠くべからざるもので、水がなければ死するのであり、昔から「水は生命の親」とまでいわれていても、水は自然に湧くものだと考えていたために、水のご恩を知らず、また水のご恩が分かっていても、その恩を返す場所を知らなかったのである。返すとは、お礼を申し上げることである。親神様はその人間のお礼を受け取って、またすぐに、めいめいの心に徳としてお返しくださるのである。

この大恩を知らぬままに頂きすぎると、天恩が重なり、病気や無駄《むだ》な金品の損失を招いたり、難儀する結果になるのである。そのうえ水をもって商売をする人、水のお勤めをする人、たとえて申せば、風呂《ふろ》屋、酒屋、醤油《しょうゆ》屋、魚屋、医者（水薬を出す）、左官（水で土をこねる)、また農家でも多くの水田を持っている人、また漁師、船員など水のおかげで衣食住を全《まっと》うしている者は、普通の人よりも水のご恩を何十倍も余計に頂いているわけで、そのご恩が重なれば、水で難儀をしたり、ついには水で生命をとられてしまうわけで、こうした災難の元は水のご恩の重なった結果であることを知らなかったのである。

次に火の神は、天では太陽となって現れ、人間の身の内ではぬくみのご守護を下され、世界では火のご守護を下さる神様である。この神様は陽《ひ》とおなりくだされ、昼間をお守りくだされ、女性となって人間を生かしてくださるのである。昼間、日光をもって商売する人、畑をたくさん持っているお百姓などは、知らず知らず余計にこの神様のご恩を重ねている。また、燃料は火の神様のお働きである。石油とか石炭とか薪炭《しんたん》とか、燃えるものはみな火の神様がお造りくだされたものである。この燃料で日々生活する者が、火のご恩が重なれば、つい火で怪我《けが》をしたり生命をなくしたり、火災にあって財産を失うのである。

次に、風のご恩を重ねれば呼吸器を患うのである。すなわち風の神のご苦労を頂きすぎて、のどの病気となり呼吸器をいためるのであり、ついに肺、心臓、ぜんそく、気管支などの呼吸器病をひき起こすのである。

「身はかりもの、心一つが我がのもの」とお言葉にあるように、人間の身体は親神様がお造りくだされて、めいめいの心が親神様からお借りしているのである。水のご恩、火のご恩、風のご恩を頂いても、またご苦労をかけても、人間がこの大恩を神様にお返しさせていただいておれば、この身体の機械には、別段差し障りもなければ故障もないはずであるが、それを親神様にはご苦労のかけづめにして、ご恩を少しもお返しせずにいるために、病気で難儀して苦しむことになる。

親神様は恩を返せとは申されないが、われわれの身上が親神様からの借り物であるならば、ただ使うわけにはいかぬのが借り主たる人間の心でなければならず、親神様がいらぬとおっしゃっても、どうぞお納めいただきたいと人間のほうから申し上げねばならぬのである。親神様は人間よりお礼を受け取ったものは誠と受け取ってくだされて、誠の種として人間の心に植えつけてくだされ、その誠の種が芽生えて、人間生活上に幸福としてお与えくだされるのである。これが出世の元となるのである。

人間は誰《だれ》一人として日々の幸福な生活を願わぬ者はないが、ただ、この世の中を収穫の世の中と考えているために、毎日働いても収穫を目的としているのである。親神様は、種まきの世の中である、種をまいて収穫しろ、と教えられたのであり、昔のたとえに「人事を尽くして天命を待つ」とあるように、人事を尽くすということは種をまいて働けといううことである。

いまの世の中の人々は、人事を尽くして天命を待つことを知らず、種をまいて収穫を得るということを知らず、ただ働いて収穫のみをあせっているのは天理に沿わないのである。これが貧乏の元である。

種まきには、(一) 精神的種まき、(二) 物質的種まき、の二つあって、精神的種まきとは、心の持ち方を正して働き行うのである。物質的種まきとは、金銭なり物質をもって天の親神様に、前述のごとく大恩のお礼を申し上げるのである。そのお礼を親神様が種と受け取ってくださるのであり、この二つの理を種まきというのである。

地の畑に米の種をまけば米が、キュウリの種ならばキュウリができると同じように、天の畑にまいたものも必ず芽生えてくるのである。天の畑とは、肉体に入り込んでいるめいめいの心霊であり、この天の畑にまいたものが芽生えて、衣食住に不自由しなくなり幸福になるのである。この理を悟って衣食住に不自由せぬよう、人間の最上の幸福への道を進んでいただきたいのである。

四ッ　よなほり

いままでは人の世の中、人の教え、人の道で人間は世渡りを続けてきたのであるが、天保《てんぽう》九年十月二十六日に教祖《おやさま》の身体を神のやしろと貰《もら》い受けて親神様の教えが説き明かされた。そこで人間は神の教えによって世渡りすることになり、この世の中は天地を開闢《かいびゃく》された親神様の世界であるので、親神様がこの世の中一切を支配していることが分かり、神の教えに則《のっと》って世渡りしなければならぬのであって、「よなほり」すなわち人間の心が更生するのである。

五ッ　いづれもつきくるならば
六ッ　むほんのねえをきらふ

人間は如何《いか》なることがあっても信仰につかなければならないのであるが、信仰していくならば「むほんの根」は切れてしまうのである。

「むほん」とは反対の精神、服従せぬ精神、我《が》こうまんの心、すなわち自己の理想を徹底させるために使う心で、善《よ》きことは差しつかえないが、人の心と合わせることを知らず、自分の主張を曲げず理屈を通す心であり、これが積もり重なって、むほんの根となるのである。

人間は素直な精神、すなわち、やさしき心でなければならぬ。

みづとかみとはおなじこと　こゝろのよごれをあらひきる　五下り目　3

と仰せられたとおり、水の神は素直である。人間はなおさら素直でなければならない。ご神言に「使いよい道具はいつまでも使う」と仰せられたが、使いよい道具とは素直な人間をいうのである。人間同士でも素直な人間は使いやすく、理屈が多かったり高慢であったり、強情な人間は使いにくい。人間の出世は、はいはいとはい上がって天に通ずるのである。

むごいこゝろをうちわすれ　やさしきこゝろになりてこい　五下り目　6

と仰せられているとおり、やさしい心は身体がいつも壮健で、親神様からも人からも喜ばれるのである。親神様に喜んでいただけば長命となる。

この信仰は理屈や理論の信仰でなく、陰徳を積み、悪いいんねんを切る信仰である。悪いんねんを切れば長命となり、陰徳を積めば衣食住に不自由なく、形の財産に恵まれるのである。親神様は、むほんの根を切ってくださる、すなわち悪性質、悪いんねんを切ってくださる。むほんの根が切れた人は、いつも喜びをもって勤めさせていただくことができる。われわれ信者は、この悪いんねんを切ることが信心の要諦《ようてい》であることを悟らなければならぬ。

七ッ　なんじふをすくひあぐれバ
八ッ　やまひのねをきらふ

「なんじふ」というのは、心の悩み、身体の悩みをいうのであるが、世の中には心の難渋《なんじゅう》か、身体の難渋か、いずれにしても、これらの難渋を救いあげる完全な教えが、いままでになかった。すなわち人のつくった教えであるために、難渋を救いあげる知恵が人々になかったのである。

そこで親神様が「病の元は心から」「難儀するのも心から」と、人間には病気・災難はつきものではない、自分でつくっているのであると仰せられたのである。すなわち、いままでは天の法則を知らなかったので、救いあげることができなかったのである。一日も早く親神様の教えられた教理を実行して、この世の中に生存中は少しも難渋の元になる悪い心が湧《わ》き出さないように、また、それをくい止める力をつくらねばならぬ。

親神様は「たすける理がたすかる」と仰せられた。いままではたすけてもらいたい、ご利益を頂きたいという、困ったときの神頼み式の信仰で難渋の解決ができなかったので、本当に救われることにはならなかったのである。難渋が解決できずに終わった場合、あきらめるということについて盛んに教えられ、研究もされた。しかしそれは、難渋を断絶するすべが分からなかったのである。

すなわち、この親神様の教えを聞いてたすかった人々は、心の病、肉体の病にしても、必ず元であるいんねんを切っていただいたのである。このいんねんを切るということを、いままで知らなかったのである。人間として病気・災難、すなわち心の悩み、身体の悩み、家庭上の悩みがなくなったならば、極楽世界に暮らさせていただける。これが陽気ぐらしであり、この陽気ぐらしを見て、ともに神も楽しみたいというのがご神意である。難渋を救いあげていいんねんを切れば、これが真実の陽気ぐらしとなるのである。

九ッ　こゝろをさだめゐやうなら
十デ　ところのをさまりや

この信仰心を定めて実行したならば、その土地所の教会や信者の方々が陽気ぐらしの手本雛型《ひながた》となってきて、その土地の人々はやがて全部お道に入信して、病人も出ず、法律に触れるような者も出ず、警察の手をわずらわすことも省け、裁判もなくなって、一町一村がみな兄弟のごとく、仲よく互いにたすけ合って国中の手本となり、やがて世界の模範となり、教えが次第に世界に広まって、ご神意が達成されるのである。

三下り目

一ッ　ひのもとしよやしきの
つとめのばしよハよのもとや

「ひのもとしよやしき」というのは、親神様のご鎮座場所、すなわちおぢばのことである。「ひのもと」とは月日のご鎮座場所であって、「しよやしき」は正しい屋敷とも悟らせていただくのである。

「つとめのばしよ」とは、意味は広いのであるが、第一に夫婦の道をおつくりくださったいざなぎ・いざなみのみこと様のつとめの場所である。すなわち親神様のご鎮座場所で「ぢいとてんとをかたどりて　ふうふをこしらへきたるでな　これハこのよのはじめだし」と仰せられたとおり、人類の元であり、世の元である。

何ごとにしても、元があって末があるのである。天地を開いていただいて世の中ができたのである。いざなぎ・いざなみの両柱のみこと様に命じて、人間を造り創《はじ》めた元の場所である。「理は元に在《あ》り」といって、元を明らかにしなければ末の解決ができぬのである。夫婦があって子ができ、子があって親子となり、子供が二人以上いて兄弟となる。何を申しても夫婦が元である。元、元、元とだんだん繰り上げて悟っていかなければならないのに、いままではその元が分からなかったのである。ゆえに、元の神・実の神が現れて物語りされたのである。これが親神の最後《だめ》の教えである。

二ッ　ふしぎなつとめばしよハ
たれにたのみはかけねども

「ふしぎな」ということは、人間の知恵や学問や金品で解決するものではない。それで字のとおり不思議というのは、思いはかられない、肉眼に見えぬ親神様のお働きである。かぐらづとめにお面をつけてつとめさせてもらうのも、また心のふしんをするつとめも、またおさづけをわたして不思議なご守護を頂かせるのも、また親神様のお鎮《しず》まりくださる場所も、みな不思議不思議である。

心のふしんというつとめ場所は、ほかにはないのである。親神様がこのお道をお開きくだされ、親神様が人間をお造りくだされて、親神様のお心一つによってお道がだんだん栄えてきたのである。人間が相談してできたのでなく、学問や知恵でできたのでなく、人間たすけたい一条の親神様の理で、ようやく盛大になったのである。ゆえに「たれにたのみはかけねども」と仰せられているごとく、ああしてくれ、こうしてくれというお言葉は一つもないのであって、いんねんある者を引き寄せるについては、男のたすけ人、女のたすけ人のことを石も立木《たちき》もと仰せられ、また大工、棟梁《とうりょう》、真柱と仰せられ、建築にたとえての用木《ようぼく》というのである。

また、

　むりにどうせといはんでな　そこはめい〳〵のむねしだい　　七下り目　6

と仰せられているごとく、人間をお使いくだされるうえについても、無理にお使いくださるのではない。「こゝろあるならたれなりと」とも仰せられている。帰するところ、神恩に感ずる人がよふぼくとなり、ひのきしん精神をもって、お使いください、また使っていただきたいという精神で、親神様のよふぼくとなって世の中の人心を救済するのである。その救済方法は、心だすけでなければならないのである。にをいがけ、すなわち宣伝となり、また精神だすけとなる。この二つのたすけによって心を掃除して、人間を百十五歳の定命《じょうみょう》とさせたいのである。また、財産でも倒れぬ財産となりて、陽気ぐらしをさせて人間を喜ばせ、同時に親神様も喜びたいとの思召《おぼしめし》である。人間たる子供は親神様に早く喜び楽しんでいただく親孝行をして、自分も喜ぶ順序とならなければならない。

三ッ　みなせかいがよりあうて
でけたちきたるがこれふしぎ

世界に居住する人間が一人残らず集まり、仲よくして親神様に孝行さしていただくと、不思議な親神様のご守護を頂く。親神様を立てる理が、我が身立つ理になるのである。自分の安心を先にしたならば、自分の安心はできかねるのである。理を立てて身が立つと仰せられるごとく、世の中の人たちは自分が出世をして自分が金持ちになることを先にしているのであるから、これを個人主義、利己主義という。その精神では何年進んでも成人もできぬ、出世もできぬ。それは、その人の精神が我が身思案となるのであって、ついに有名無実と終わるのである。労して功なしとなり、反対に難儀をせねばならぬ筋道となるのである。そこが人間として世渡りする大切な心がけで、これを知らねば生涯末代、出世を自分で止めている姿になるのである。この順序の道を知りつつ、理を立てて立てきるという精神、我が身を立てないでも理を立てるその精神が、出世をさせてくださる理となる。すなわち理を立てきるところに、目に見えぬ親神様が十二分にお働きくだされて、人間はこれ不思議と思われるお働きを頂戴《ちょうだい》するのである。

人間はとかく高慢の心を持っているために、恩に着せる知恵が多すぎるのである。これが高慢のほこりとなるのである。人間に向かって恩に着せるようなものは、親神様に対し、教祖《おやさま》に対し、知らず知らず恩に着せる心となりて、親不孝の道中となり、親に頭を下げさせる理ともなるのである。また恩に着せる精神は、一家の家庭を乱すことになる。一家を治めていくには恩に感じ、感謝の精神がなければならぬ。われわれ天理教信仰者は恩に感じる精神を振り起こして、お礼を申し上げて、喜んで世渡りをせねばならぬ。

四ッ　よう〱こゝまでついてきた
　　じつのたすけハこれからや

「よう〱」とは、褒《ほ》め言葉であるが、また長い間のことをいう。「こゝまでついてきた」

とは、いままでは世界並みの信仰で、困ったときの神頼み式の信仰から、本教信者となり、身上・事情のお手入れを頂いて悟り諭され、だんだんこの信仰の本筋に入ってきたということである。

いままでの信仰は義理信心、付き合い信心、有難《ありがた》信心、結構信心など、いずれも都合のよいときには信仰をするが、都合の悪いときには信仰せぬという勝手の信仰であり、また、牛に引かれて善光寺《ぜんこうじ》参り、というようなわがままの信仰で、結局、拝み信仰であったのである。

しかるに、この教えの本筋は「たすける理がたすかる」というのであって、たすけるという信仰はいままで聞いておらぬのである。信仰というものは、たすかるのが目的であると思っていたのであるが、「たすける理がたすかる」というのが本筋であることが初めて分かったのである。

たすけるにも物質のたすけと精神のたすけがあり、いずれもたすけるのであるが、物質のたすけは一時のたすけであり、精神のたすけが永久的なご守護を頂くことになり、またその中でも寿命を延ばすたすけが第一であるということが悟れてきたのである。

元来人間は、たすけてもらいたいというのが信仰の目的であると、考え違いをしている人がいくらもある。たすけてもらいたいという信仰は神仏を苦しませる信仰であり、それを知らず親泣かせの信仰をしてきたのである。いままでの神仏は、日本の国の人々のために誠真実をもってご苦労くだされた人々をお祀《まつ》りしてあるのであり、その国家に対するご苦労に感謝することが拝むことである。言葉をかえて申せば、神仏に対し国民発展のお礼を申し上げるのでなければならない。それを知らず、無理にご利益《りやく》を頂こうと神仏を苦しませ、また責めるという信仰は、その方針が違っているのであると悟らなければならない。そこで親神様が、天に通ずる信仰でなくてはならぬという理を、われわれ人間に教えられたのであって、その信仰の筋を悟り、人間同士、互い立て合いたすけ合いをせねばならぬのである。

　このたびはかみがおもてへあらハれて　なにかいさいをときゝかす

よろづよ八首　3

とあるとおり、表に現れたということは、いままでは、かげからなり裏からなり、人間に利益を与えてきたということになるのである。このことを知らず、人間は拝んだものそのものからご利益を頂いたのであると思い込んでいたのである。すなわち、ご神体や木仏、金仏がご利益を下さると思い込んで、それに対して無理な願いをしていたのである。

たとえて申せば、不動明王《ふどうみょうおう》を信仰している人たちは、不動様の像を拝んでご利益を頂こうとするのであるが、不動様の像の前には水があり、後ろに火と風があるのを知らなければならない。すなわち不動様の像を拝むのでなく、火、水、風を拝むのである。

いままでは、親の恩は送れるが、水のご恩は送れぬとしていた。それは水の神がどこにお住まいくだされるかが分からなかったために、水のご恩を報じることができなかったのである。いまの人たちは火、水、風のご苦労を知る者はなく、天然とか自然とかいって一つの機械のごとくに考えている人があるために、少しもそのご恩が悟れなかったのであり、したがってご恩を報ずる者もないといわねばならぬのである。

前述の不動明王とは、「動かず、月日が王」と書いてあるとおり、月は水の神、日は火の神であり、風の神で、この三つが王であるということを人間に悟らせるために、不動明王の形をもって人間に教えられたのであるが、人間にはその三大恩が悟れなかったのである。

それがために、よく木仏、金仏、石仏が、道具屋や骨董《こっとう》屋の店先に売り出されているのである。いままでご利益を頂いた神仏ならば、売り出したりすれば直《ただ》ちに処罰されねばならぬはずであるのに、処罰もなく、また道具屋、骨董屋の主人は水もお米もお供えせず、ただ売買にのみ心を寄せている状態である。またそれを買い求めた人も、床の間の飾り物にしたり、なかに欲の深い人はお宮をこしらえてこれを祀り込み、参拝者を募って、そのお供えを衣食住に使って生活する人もあるのである。このような信仰をしていては、決して天に通ずるはずはなく、こういう信仰をいつまでもしていたのが「よう〳〵ここまで」ということになるのである。

そこで親神様が、本筋の信仰である「たすける理がたすかる」ということを教えられたのである。身上・事情で悩んだ者が、おさづけを頂いて身上壮健となり、神の存在が悟れ、親神様のご教理を聞いて心がたすかるのである。「たすける」というのは、たすけた者は陰徳を積むことになり、衣食住に不自由しなくなり、また心だすけは寿命が延びることになる。人間生活の目標は身上壮健で長命となり、また衣食住には絶対不自由のないようになることであり、その本筋の教えを人間に与えられたのである。

次に「じつのたすけハこれからや」というのは、いままでのたすけてもらいたいという精神が次第に成人して、おさづけの理を戴《いただ》いてたすけるという精神になるのである。元来、人間はたすけてもらったほうがありがたいか、たすけたいというほうがありがたいかというと、それは、たすけたいというほうがありがたいというようにならなければならない。

そのたすけたい心が、親神様に対しては親孝行となり、人間に対しては互い立て合いたすけ合いとなって、喜び、喜ばせることになるのである。これが神様の理想どおりのかんろだい世界建設の基《もと》となるのである。

五ッ　いつもわらはれそしられて　めづらしたすけをするほどに

人間は笑われるのが大嫌いであるが、人間が人格者になったり、神格者になったりすると、必ず笑われたり、そしられたりする。笑う人、そしる人は人格者、神格者でなく、深欲、強欲また高慢の人であるからである。いままで立派な人間でも、善悪なりとて少し変わったことをすると笑われ、そしられるものである。

このお道の信者になっても、そのとおりである。第一、五十年のひながたに見るように、教祖《おやさま》は笑われ、そしられの連続であった。何ゆえに笑われたかと申せば、人間のすることと親神様のなさることは、主に正反対が多かったからである。自分のものを借りているといったり、物を貰《もら》っていただきたいといったり、無報酬《ほうしゅう》で働いて後でお礼を申し上げたり、頭を叩《たた》かれてもお礼を申すようなことで、馬鹿《ばか》といわれればお礼をいうなど、欲と高慢の離れた者であったから、人が馬鹿にして笑ったのである。

また、おたすけについても、にをいがけをして時間を費やしたり、着物の裾《すそ》を切ったり、電車賃を使ったりしてもありがたいというお礼をするのであるから、いずれの方面においても笑われることばかりである。おたすけをするのでも、時間をつぶして身体はたすけ一条に使い、自分の衣食住は忘れても親神様の思召《おぼしめし》に沿う、すなわちたすける心に夢中になる。人がたすかってくだされば、これほど嬉《うれ》しいことはないと、心喜んで通ることができるのである。


天理教を信心すれば貧乏になる、衣食住に不自由することになるというように、家族間、親族間からそしられぬいて、親戚《しんせき》関係の相手から親戚の縁を切られるようなこともある。決して本人は夢中になっているのではない。食う食えないは一切親神様におまかせして、親神様のよふぼくとなって、身も心も親神様にお返ししたような心になって、なるべく俗事を避けて、たすけ一条に邁進《まいしん》するのである。欲と高慢、我《が》のほこりを払いつつあったなら、親神様は珍しいたすけをしてくださるのである。

珍しいということは、医者が見放し、薬も効かぬ病気がたすかることをいうのである。

教祖は医薬に見放された病人をみな、おたすけされたということをうかがっているのである。教祖のお手にかかった者は、珍しいおたすけを頂いた者ばかりである。

われわれ天理教教人《きょうと》にしても、誠を絞《しぼ》り出すことが大切で、その誠が多ければ多いほど大病がたすかるのである。ご神言に、

こへやとてなにがきくとハをもうなよ　心のまことしんぢつがきく

おふでさき　四号　51

と仰せられているとおり、人間がこの誠真実を絞り出すことそのものが神の働きとなって、長命もし、生涯の陽気ぐらしができるのである。命を延ばすのも、幸福な生活をするのも、みな誠よりほかにはないのである。学問があっても財産があっても、みな誠一つに帰着するのである。これほど尊い、これほど安心立命《あんじんりゅうめい》のものはない。難儀をしたいと思っても、誠真実が難儀をさせないことになる。そのたすけるところの誠真実が、難儀をさせないことになる。そのたすけるところの誠真実を、人間はとかく絞り出さぬために、難儀を望む者がなくても難儀をせねばならぬ。貧乏で笑われたり、世の中に迷惑をかけたり、そしられたり、不義理をするものがあっては、人間の価値が欠けていることとなるのであるが、たとえ死しても、この世の中で親神様の名代《みょうだい》となって良き名を残すこととなるのであって、

親神様にこれ以上の孝行はないのである。このお道を通る者は、きまりが悪い、外聞が悪い、馬鹿にされるのは嫌《いや》だ、あくまで利口で通りたいというのは、人間の常識であるとはいえ、親神様の常識によって雛型《ひながた》を残す考えをもって通らなければならない。

人間は人をたすけるのが嬉しいか、人はどうでもかまわぬ、自分さえ良かったら良いというのが嬉しいか。お道を通る者は、この第一歩の出発点を考えて通らなければならない。同じ人間でも、物をやったほうが嬉しいか、貰ったほうが嬉しいかと同じようなものである。やれば入ってくるし、貰えば入る道が行き詰まってくる。これが天の理法であって、出して入るということを悟らなければ人間と生まれた甲斐《かい》もなし、生涯出世は行き詰まっているのである。このお道を聞かしていただいて、出して入るという筋道を十分に悟ってもらわねばならない。貰えば貧乏する。出せば貧乏せぬ。

めへ〳〵にハがみしやんハいらんもの　神がそれ〳〵みわけするぞや

おふでさき　五号　4

と仰せられたごとく、我《われ》を忘れて、また欲を忘れて、高慢を忘れて、その精神の親神様の思召に適《かな》ったものが、めいめいの幸福と現れてくるのである。

「誠一つが天の理。天の理なれば、直《す》ぐと受け取る直ぐと返すが一つの理」

とも仰せられている。珍しいたすけは病気・災難ばかりではない。何ごとにおいても親神様のお働きを十二分に頂戴《ちょうだい》する理になるのである。親神様は、〝うそ〟〝ついしょ〟〝いいつけ口〟が大嫌いである。親神様のお好きなことは、たすけること、第一ににをいがけ、精神のたすけ、また自分の魂を親神様に世話をやかせず掃除すること、これがお喜びなさる親孝行の理となる。この理が、その者の幸福となる理である。親神様によって善悪の行為が分からせていただいた人たちは、善事に向かって、孝行の理に向かって理を積まなければならないのである。

六ッ　むりなねがひはしてくれな
　　　ひとすぢごゝろになりてこい

「むり」とは、理が無いから受け取っていただく筋がないのである。元来、病気・災難は「泣き面に蜂《はち》」というもので、病気になった、災難に取りつかれたというて、いつも悲観している者もある。それは、その原因を知らなかったのである。知らないゆえに無理とは思わなかったのである。

親神様は、この肉体をこしらえるについて、一通りや二通りのご苦労をくだされたのではない。最初、五分の身体《からだ》をこしらえてくださって、九十九年経《た》って三寸となり、また九十九年経って三寸五分、そして四寸となり、九億九万年の水中の住居《すまい》から陸に上がり、のちに六千年の知恵の仕込み、三千九百九十九年の文字の仕込みで今日におよんだのである。人間からいえば、知恵も文字も人間が発見して、知恵の出るのも文字のできるのも人間の力であって、親神様には少しもお世話になっていないという考えを持っているから、親神様に逆らって親不孝となってくるのである。人間に学問ができても理は元にありといわれるごとく、人間は神がおこしらえくださったのも知らず、また天然物、すなわち木、石、土、金、水、これをこんなにしてこしらえてくださっているのも知らず、人間の世界だとか、人間あっての神様だとか、目先の知恵のみで判断しているのである。人間の知恵の深い、浅いは、何ごとも元にある。その元を知らない人が浅薄《せんぱく》な人であり、その元、元、元と悟っていく人が知恵の深い人ということになる。

たとえて申せば、人間は毎日働いて金を握り、衣食住を全《まっと》うするのであると思われるが、自分の働きで、自分の力で安定しているという知恵は目先の知恵である。日中、太陽の光によって電気以上の光を与えられているために完全な仕事ができるのである。何ほど金銭をつかもうとも、人間のためにご苦労くだされたその日光に感謝を知らない人は、知恵が浅いということがいえよう。万一、日の神様が一日でもお休みになった場合には、一日が暗黒で仕事ができないことになる。

人間はとかく感謝の念は日々薄くなり、恩に着せる心は一日増しに増加して恩に馴《な》れてしまうのである。とかく小さな恩は知っていても、最大の恩を忘れがちである。人間は恩に馴れるほど恩知らずの精神をつくりあげることになるのである。病の元は心から、難儀するのも心から、と仰せられたごとく、心からというのは、自分で病気・災難をこしらえたということを分かりやすく教えられたのである。さすれば身上は親神様より拝借し、身上を毎日使いぬいて、神様にご苦労をかけっ放しにして、自分の勝手のみ通して、ついに身上をこわしかけたのである。すなわち身上に故障が生じたのである。それを病気・災難にとりつかれたというのであるが、親神様はこれを早く分からせてやりたい思召《おぼしめし》で、手をかえ、品をかえて人間に分かりやすくお教えくだされているのである。身上・事情は本人の心の持ち方によってできたのである。それを知らずに、無理な願いを聞いてくれるものと思う。なれど、そこで理を立ててお願いするとか、十分さんげしてお詫《わ》びするとか、許していただく心定めをしてお願いをするならば、親神様はお許しくださることもある。それをお詫びもせず、改良もせず、許してもらいたいともいわず、こんな病気になりました、こんな災難にあいましたから、どうか神様にたすけていただきたいという心になるから「難儀するのも心から」と仰せられたのである。ゆえに、自分の間違いを改良しお詫びしますから許していただきたいと申し上げなければ、無理なお願いとなるのである。このお詫びをし、許していただきたいという理を「ひとすぢごゝろになりてこい」というのであり、無理な願いが聞きとどけられるのである。

元来、この教えは信仰祈願の改革を教えられたのであるから、「あしきをはらうてたすけたまへ　てんりわうのみこと」というのである。これで神に通ずる祈願方法を教えられたのである。何ごともこの祈願方法でなければ、天に通じる道はない。いままでの出鱈目《でたらめ》の、勝手な、無理であるか無理でないかと、そんな考えを起こさずに、神に頼みさえすればよいという無知、無謀な考えが、親神様を泣かせることになるのである。いままでは人間の知恵から出た信仰方針であったがために、親神様は聞いてもよい願いでも聞いてくださらなかったと考えるのである。親泣かせの信仰はすべて捨て、〝あしきをはらうて〟の祈願に入っていかねばならぬ。そこで「ひとすぢ」とは、誠一条をいうのである。誠一条を二分すれば、親孝行の信仰となり、人間同士の立て合いたすけ合いの信仰となっていくのである。

七ッ　なんでもこれからひとすぢに
かみにもたれてゆきまする

何ごとでも、いまからたすけ一条の心、誠真実の心、我が身思案のとれた心になって、親神様におもたれして、この世の中を通らしていただくということである。人間は口では一筋というが、人間の心は猫の目と同じように、その時その時に変わるのである。目玉が黄、青、黒に見えたりするようなものであって、欲、高慢のために、心を動揺されがちである。

昔から「精神一到何ごとか成らざらん」と諺《ことわざ》にあるごとく、一度熟慮し断行した場合には、心を動かしてはならない。わけて身上・事情に迫られた人間は必ず心定めをして神にすがるのであるが、その心定めが猫の目のように変わる人がある。これが心変わりといって、「うそ」をつくことになり「だます」ことになる。神は「うそ」が大嫌いである。だんだん積もり重なって子供に不良性の精神が生まれるのである。人間は金銭のためか、いずれも衣食住のために心変わりする者が多々ある。これがついには悪性質の子孫をつくりあげることになる。同じ一筋でも、お道一筋になるも一筋、世界に勤めても一筋であるが、精神は誠の心で、お道でなければならぬ。第一は神様一筋になり、副業は衣食住にという人もある。また衣食住を第一として、その余暇に人をたすける人も中にある。いずれもたすけ一条を副業とする人である。また、すべて我が身、我が子を中心として、お道のほうを避ける者もある。

いずれにしても、

むりにでやうといふでない　こゝろさだめのつくまでハ　九下り目　6

とある。

また、

むりにとめるやないほどに　こゝろあるならたれなりと　十一下り目　6

むりにこいとハいはんでな　いづれだん〳〵つきくるで　十二下り目　6

むしやうやたらにせきこむな　むねのうちよりしあんせよ　八下り目　6

とも述べられている。親神様が、この者は一人前にしなければならんと思召《おぼしめ》されている者は、むごい言葉を出したるも早くたすけを急ぐから、と仰せられている。この言葉が、われわれにとっては何ともいえないありがたいものである。親神様は三日坊主はお嫌いである。出たと思えば引っ込み、尽くしたと思えばまた考え直して、ついたり切ったりする。お天気心というて、雨が降れば家にいる、天気になれば外に出るというのでなく、何ごとも終始一貫せねばならぬ。

神にもたれるというのは、理のうえに素直になることである。人間は頭が良くても、学問があっても、ある程度以上の強情や高慢は出してはいけないのである。人間はとかく威《い》張《ば》りたい性質を持っている。威張れば脳へ来る。高慢のために人を見下げると腰に来る。学問があっても、知恵があっても、いったん脳を冒された以上、考えればすぐ頭が痛くなる。痛ければ知恵が出てこない。高慢の行き詰まり、高慢の心を使った結果、脳を使いきった人間、徳を頂きすぎた人間は、いずれにしても、病気で稼ぐことができないことになる。親神様のお話を聞いて神の御心《み》を早く知り、神の働きを十分わきまえて、神の御心のまにまに、素直に絶対服従して、通るというより通らしていただきますからお願いします、という精神を持たなければならないのである。

八ッ　やむほどつらいことハない
わしもこれからひのきしん

病気になって苦しむのも、災難にあうのも、天の親神様に対するお礼奉公が欠けているために身上・事情に現れてくるのである。同じ病むといっても、心が病むのと肉体が病むのと二通りある。世の中の人々は肉体の病気は知っていても、心の病気を知らぬ人がいくらでもいる。肉体の病気は、医者や薬によってたすかる道が講ぜられているが、心の病気は、医者や薬では容易にたすからぬのである。心の病気は、お礼奉公というひのきしんによってたすかる道が開けているのである。心の病気が元で、それがだんだん肉体の病気に変わるので、すなわち事情から身上に現れるのである。ゆえに、肉体の病気は心のしるしを現したものであるから、お詫《わ》びやら、身上かりもののお礼づとめを神様にさせていただくのである。このお礼づとめが天に通じて、ご守護を頂く元になるのである。

九ッ　こゝまでしん〲したけれど
もとのかみとハしらなんだ

「こゝまで」というのは、二年も三年も十年もという意味である。いままで永い間、天理《てんり》王命《おうのみこと》を信心していたけれども、少しも悟ることができなくて、いままでの人間の教えた普通の信心であると思っていた。天に八百万《やおよろず》の神、地に八百万の神があるといわれているが、その神の一部であるとか、普通の神様であると思い、これほど深い信心であるとは思わなかったのである。

信仰の最初に、人間を造られた親神様であるということは何度でも聞かせていただき、また身上は親神様からの拝借物であることも聞かせていただいてはいたが、自分の信仰が進まぬために悟りもにぶく、この信心のしかた次第では、間違えば命を落としてしまうということも悟り得なかったのである。

人間は一つの動機があって悟りが生まれるのであるが、何回悟る動機があっても、人間のつくった教えを中心として悟るために、倫理道徳や人間のつくった宗教と、かたく思い込んで、親神様の存在が分からなかったのである。すなわち、人の道を中心として悟っていたのである。しかし、いよいよ身上が迫って初めて親神様の存在が認められたのである。

親神様はお姿はなく、また、お声も聞こえないために、一つの動機のないうちは、その存在を認めることはできない。お道の教人・おたすけ人は、この親神様の存在とお働きを人間に知らせることが大切である。

この信仰は木仏、金仏、石仏を拝ませるのではない。親神様の存在、親神様のお働きを拝ませるのである。すなわち生きて働いておいでになり、人間の心を取り締まられる神様である。その取り締まるということが身上なり事情となって、本人にお返しくだされるのである。貧乏になるのも金持ちになるのも、身体が弱くなるのも丈夫になるのも、長命短命もまた、前生はいうまでもなく、今生は十五歳より今日までの各自の行いが姿を現してくるのである。ゆえに、病を製造するのはめいめいの心からであり、また難儀を製造するのも、幸福になるのも、長命になるのも、めいめいの心からである。

親神様の存在を知らぬ人は、親神様の心が分かる道理はないので、知らず知らず病気や難儀のどん底に落ちていくのである。

お言葉に、

なんぎするのもこゝろから　わがみうらみであるほどに　十下り目　7

と仰せられる。すなわち自業自得といわなければならぬのである。

この世の中は人間の世の中ではない。親神様が天地を開き万物を造られ、人間の身体をお造りくだされた世の中である。いままでは、この世の中を人間の世の中と思い込んでいたために、身上かりもの も分からず、また親神様が肉体に入り込んでお働きくだされることも知らずに、自分の身体で自ら生きて、自分が働いて生活をしているように思い、人間あって神があるというように何から何まで人間本位で、親神様のご存在やお働きが悟れなかったのである。

世の中には一生信仰を持たずに通る人もある。また、人間としていちばん最悪の場合である病気・災難のとき、初めて信仰をする人もあるが、この親神様の信仰はそういうものではない。親神様は一分一秒の絶え間なくご守護くだされているのであるから、平素順調なときでも、また逆境に立った場合でも、信仰を続けなければならない。

十ド　このたびあらはれた
　　　じつのかみにはさうゐない

この親神様が天保《てんぽう》九年十月二十六日に、旬刻限の到来とともに教祖《おやさま》の身体を神のやしろとして、直接の教えをお示しくだされたのである。これが、そもそも立教である。この親神様が天地を開き、天然物・万物を造られ、人間の身体を造られ、産み落とされたのである。動物、植物、魚類、五穀、野菜に至るまで生成化育してくだされるのである。

親神様とは、水の神が月となり、ぬくみの神・火の神が太陽となって現れ、風の神が空気となってお働きくだされることを、お道の信者は感謝せねばならぬのである。いままでは火、水、風を神といわず、自然物、天然物といっていたのである。これは大いなる悟り違いであったと申さねばならぬのである。昔から何人《なんぴと》も水は命の親といっており、また暖かみがなければ肉体は動かない。太陽のお照らしがあって昼間となり、人間が働くために天より大きな電灯をつけてくださるのであり、また何万年経《た》っても電灯料は天から一度の請求もない。人間の知恵でできた水力発電機で電気が生じ、夜は電灯がつくのであるが、燭光《しょっこう》はあまり明るくなくて毎月電灯料を請求されるのである。また風の神が働いてくださるおかげで、五穀、野菜、果物などには虫が付かず、農家の方々は農業収入が得られて生活でき、都会の方々もおかげでおいしい五穀、野菜を常食することができるのである。人間は風の神のお働きを悟らせていただき、かしこねのみこと様のご苦労に感謝せねばならぬ。

元来、人間は感謝報恩が悟れて実行する人々が幸福となり、安心の世渡りをすることができるのであるが、感謝報恩の心のない人々は、すべてにおいて難儀不自由をせねばならぬ。感謝報恩の心のないことが幸福を頂けない最大の原因となるのである。

親神様が元の神・実の神であることを一日も早く悟ることができた者が、親神様と真の親子となって、親神様より最大の幸福を頂くことができるのである。

ゆえに心の存在、心の働きと、親神様のお働きと二つの筋道を悟って、親神様に対して親孝行をして安心していただくことを願ってやまぬ次第である。

四下り目

一ッ　ひとがなにごといはうとも
かみがみているきをしずめ

お言葉のごとく、この信仰は人間と親神様との関係であり、とかく人間のいうことは気に入らぬこともあるし、不足を積むこともある。気に入らないことや不足を積むことがあっても、神様が聞いておいでになるから、人間心を出して腹立ち、うらみ、邪推《じゃすい》の考えを持ってはならない。人間同士のいうことを気にすると八つのほこりとなり、人のためにほこりを積むこととなる。ほこりを積んだ者は病気・災難となって現れてくるのである。神様におまかせすればほこりを積まぬようになり、ほこりを積まなければ病気・災難は現れてこぬようになる。親神様は善《よ》いことも悪いこともすべて受け取り、ご承知になっておられるのである。

とかく人間は心を逆にして、心を騒がせるのである。心が落ち着かず動揺するのである。

その動揺が心にほこりを積ませることになる。たとえて申せば、濁《にご》り水やあく水を動かせば必ず水が濁ってくる。それと同様に、心を動かせば心が濁って落ち着かぬようになる。何ごとも神様におまかせするよう注意せねばならぬ。人間心を持つわれわれは、常に心を落ち着かせることが大切である。落ち着かせるのには、前述のごとく神様にすべてをおまかせするよりほかにないのである。

二ッ　ふたりのこゝろをゝさめいよ なにかのことをもあらはれる

「ふたり」というのは夫婦のことをいい、親子のこともいう。すべて心を統一することが神の望みである。「なにかのことをもあらはれる」というのは、何ごとも善きことが現れてくるのである。「あらはれる」というのは、よい芽がふく、幸福が出てくる。また喜びごとが湧《わ》いてくる。夫婦の心が一致し、親子の心が一致するのは大切なことであり、また治めるということが、この上ない大切なことである。

親神様のお言葉にもあるとおり、誠真実で国を治め、家を治め、我が身治める心を持てば、ほこりは割合に積まぬのであり、これらが幸福の元となるというのである。

三ッ　みなみてゐよそばなもの
　　　かみのすることなすことを

お言葉のごとく、人間は親神様の子供であるから、親である神様のすることなすことをよく見て、親神様は木仏、金仏、石仏ではなく、元の神・実の神であることを悟らねばならぬ。

四ッ　よるひるどんちゃんつとめする
　　　そばもやかましうたてかろ

これもお言葉どおり、親神様のお働きには夜も昼もない。昼夜兼行でお働きくだされているのである。昼は日様のお働き、夜は月様のお働きで、朝につとめ、晩につとめ、また昼も夜もおつとめをさせていただくのである。やかましいように思われるけれども、決してやかましくなく、元気よく、面白《おもしろ》く、楽しく親神様におつとめさせていただくのである。昔は病人の枕元《まくらもと》で十二下りをさせていただいたのである。そのつとめによって、大病を不思議にご守護いただいたのである。やかましいどころの騒ぎでなくて、病人が元気づいて、たちまちご守護を頂いたのである。

五ッ　いつもたすけがせくからに
はやくやうきになりてこい

親神様は人間のために昼夜兼行でお働きくだされているのであるから、人間は、早く陽気な心にならなければならぬというお言葉である。しかるに人間は、親神様のご存在も知らず、また陽気という意味も分からないのである。

そこで、陽気というのは、どういうものであるか。なるほど字のとおりであるが、さらに親神様のお心を悟っていかなければならない。人間は自分の思うとおりになれば陽気であり、思うようにならなければ陰気となる。世界でも陽気の人と陰気の人とあるが、陰気の人が八分、九分であるように思われる。なぜ陰気な人が多いかといえば、人間はよくとこうまんが第一の望みであるからである。

同じよくでも強欲、貪欲《どんよく》、きりのない欲、前後を考えぬ欲望、すなわち自分の分限を知らぬ欲、入れ物を持たぬ欲、持つ力のない欲、また悪《あ》しきよくでは、人を倒しても自分だけ立ち上がろうとする欲、人を苦しめても自分だけ楽しもうとする欲、「悪銭身につかず」ということを知らぬ欲、人間より金銭のほうが大切であるという欲など、よくにもいろいろあるが、こういうよくは程度を越したよく、分限を知らぬよくとなるのである。

この反動が憂うつ性となり、ついに神経病となる。よくの分限や程度を知らぬ者は陽気になれず、反対に陰気となるのである。人間は感謝という精神がなければ無信仰、無宗教となる。親神様が昼夜兼行でお働きくだされ、両親がお育てくだされた苦労に対しても感謝せず、自分一人で生きて、自分一人で育ってきたと思う感謝報恩の精神のない人々の貪欲、強欲が次第に成長して、神経病となるのである。いま申し上げたとおり、よくがとれればとれるほど、親神様のお働きを頂いて、人間は陽気になるのである。

次にこうまんは、最初うぬぼれであり、これが次第に成長して我《が》こうまんとなり、我こうまんが成長して、ついに立派なこうまんとなるのである。「こうまん」（高慢）は字のとおりであるが、自分が一人で生きて、一人で活動して、一人で成功したと考えるので、こうまんが十層倍も二十層倍も強くなり、ちょっとした成功にでもすぐこうまんになる。これが反対にくると、よくと同じく憂うつとなり、ついに心の病となるのである。よくの心も恐ろしいが、またこうまんの心も恐ろしいのである。

この世の中にはいんねんで倒れるのも徳で倒れるのもある。いんねんで倒れるとは前生、今生において人間にほこりを積ませ、親神様のご苦労を無にすることである。また徳で倒れるとは、天の恵みの頂きすぎや、天の恵みを粗末にしたのや、また天の恵みを知らぬことからである。これは身上かりもののご恩、水のご恩、火のご恩、風のご恩、そのほか七柱の神様のご苦労を頂きっ放しにしたもので「天恩天借」ともいい、これをいんねん負け、徳負けというのである。人間の生命はこの二つにあるのであり、「負ける」というのは生命を失うことをいうのである。

人間は感謝の精神を持たなければならない。この感謝の精神が積もり重なって報恩となり、報恩が実行となる。その実行が誠であり、天に届くのである。親神様はそれを誠真実として受け取ってくだされるのである。親神様が人間をお造りくだされたのは、陽気ぐらしをさせてやりたい思召《おぼしめし》からであり、物質上においても精神上においても陽気ぐらしをさせてやりたいのである。それにもかかわらず、人間が陽気ぐらしができないのは、親神様のご存在、お働き、心の存在、心の働きを知らぬ結果である。

よくとこうまんのかたまりが、いずれも医薬の効能のない病気となるのである。病気になってから、また事情ができてから、親神様の思召を悟って陽気になるのでなく、順調に世渡りをしている時から終始一貫して陽気でなければならぬ（順逆があっても）。その心で信仰してもらいたいのが親神様のお望みであり、これならば親神様に受け取っていただき、たすかる道すじを与えていただけるのである。早く陽気の心にならねばならぬのである。

六ッ　むらかたはやくにたすけたい
　　　なれどこゝろがわからいで

むらかた（村方）というのは、親神様のお鎮《しず》まりくだされるお膝元《ひざもと》をいうのであって、この日本に生まれた人は膝元の人間といってもよいのである。親神様は、この膝元の日本人を早くたすけたいと仰せられている。このたすけは人間を精神的に全智全能にするのであり、簡単に申せば、神の心で世渡りをしてもらいたいのである。

元来、人間には、病気もつきものでなし、災難もつきものでないのである。病気も災難も幸福も、みな自分がつくるのである。お言葉に「病の元は心から」「難儀するのも心から」と仰せられている。「心から」というのは、自分でつくっているということである。そこで八つのほこりを教えてくだされたのである。この八つのほこりも程度問題である。この程度を越すのが病気・災難となる。また幸福をつくるのにも、十柱の神様のご苦労を知らなければならない。すなわち、ご苦労に対して報恩感謝の精神を実行した者が幸福となるのである。

そこで、たすけたいが「なれど心が分からぬ」と仰せられている。何人《なんびと》も病気・災難にならぬよう気をつけているのであるが、自分で病気・災難の元をこしらえていることが、なかなか膝元の人々には分からないのである。いわゆる「灯台もと暗し」と同じである。

また、同じ日本人にしても、北海道や九州の人々は、相当の大金を旅費に使って喜んでおぢばがえりをなさるに比して、天理市や周辺の奈良県の人々は、比較的に報恩精神が少ないところもある。これも、灯台もと暗しと同じである。

親神様のお心は、人々の生命を延ばし、天の与えを頂き、土地所の雛型《ひながた》とならせて、陽気ぐらしを早くさせたいのである。生命を延ばすにはどうしたらよいか。いつまでも与えを頂くにはどうすればよいか。これは親神様の御《み》教えによってのみ解決できるのである。

学問や知恵の力では解決できないのである。人間の知恵には限度があり、その限度を越さないうちに人間はくずれてしまうのである。

ご承知のごとく、車には二つの輪がある。一つでは荷物ものせることはできない。荷物をのせて運搬できるためには両輪がなければならない。人間が世渡りするための両輪とは、生命を延ばすことと、与えを頂くことの二つである。何ごとも両輪でなければ、のせた物も落ちるし、また転覆脱線してしまう。これを悟った者が長命となり、長く与えを頂いて、陽気ぐらしとなるのである。すべて何ごとも二つなければならない。足も二本で倒れぬし、手二本でつかんでも離れぬようになる。この世は昼と夜で一日であり、月日の親神様が火水を造り、人間のためにお働きくだされている。人間にしても男女二人で夫婦となり、夫は外で働き、妻が家庭を守る。子供も夫が種、妻は畑で授かるのである。すべて、この二つが一つになって心を合わせるところに、物事ができていくのである。しかし、めいめい勝手の意見が衝突しては不成功となるのである。

親神様は、早くこの心を人間に悟ってもらいたいと待ちかねておられるのである。いまは科学的物質的には進んでいるが、精神的には遅れている。心の成人をするのは親神様の教えでなければならんと悟らねばならぬ。

七ッ　なにかよろづのたすけあい
むねのうちよりしあんせよ

「なにか」は何ごとも万事という意味。すべてたすけ合いをしてもらいたい。自分さえよかったら人はどうでもよいという心は使ってはならない、と仰せられたのである。

人間の身体《からだ》にしても、右手に何ごとかあれば左手がたすけにいく。足にしても右足が不自由なれば左足がたすける。妻は夫をたすけ、夫は妻をたすける。親は子を育て、子供は親に恩を返す。米屋があれば薪炭《しんたん》商がある。何ごとも自分一人では世渡りはできないのである。親神様の教えは、知恵の足りなくて苦しんでいる人には知恵を貸してやれと仰せられている。苦しんでいる者には、その苦しみを察してやれと仰せられている。この心が人間の特徴である。この特徴が薄らいでくると、自分が、俺《おれ》がといって一本立ちしようとするから、しまいに倒れてしまう日が来る。

たすけでも物質のたすけ、病気のたすけ、難儀のたすけ、心だすけとたくさんある。いちばん効能のあるのは心だすけである。物質たすけは現場一時のたすけ、心だすけは末代のたすけと仰せられる。この末代の心だすけが最大の救済方法である。「たすける理がたすかる」のである。たすけの種をまくので、たすかる芽が出てくる、すなわち幸福が生まれてくるのである。

世の中の人々のなかには「私は正直で堅く、人に迷惑をかけたことがないから、人の面倒をみる必要はない。また自分も面倒をみてもらいたくない」という一本立ちの精神の人が多数ある。また、これを常識と決め込んでいる人も相当ある。そういう人々の行く末を調べてみると、物質に恵まれない人や子供に早死にされて困る人もある。しばらくの間は家族が健康で、別に不和もなく円満のように見えるけれども、結果は物質に恵まれず子孫も断絶する家もある。また、家屋敷を借金の抵当流れで失う人もある。みなこれらの人々は、その原因を知らぬため、結果で苦しんでいるのである。

それゆえに親神様は、これらの苦しんでいる人々をたすけるために、神様にはお口がないために、教祖《おやさま》の身体を神のやしろとして、われわれ人間に陽気ぐらしを教えてくだされたのである。陽気ぐらしとは、身上の悩みもなし、心の悩みもないのが陽気ぐらしである。この解決が分からぬために、堅く正直に通っても、前生の道を知らぬために今生で苦しみ悩むことになる。人はどうでも自分さえよかったらという心ばかりで、たすける心がないために難儀することになるのである。

そこで、生命を延ばすためにはおさづけの理という心の宝を戴《いただ》き、おたすけをさせていただいて人の生命を延ばすのである。生命を延ばす種をまくので、次に自分の生命が延びることになる。また、親神様に親孝行をする。この親孝行が天の与え、神の守護となって、衣食住に不自由しないようになるのである。

この二つを実行させていただいて初めて、親神様の思召どおりの陽気ぐらしとなるのである。これをしっかり聞き分けて実行させていただいたら、人もたすかり自分もたすかり、たすけ合いの実《じつ》があがって親神様に喜んでいただくことになるのであり、教祖五十年のご苦労の実が現れてくるのである。私たちは早く実行して、親神様、教祖に喜んでいただくように日々つとめさせていただかねばならないのである。

八ッ　やまひのすつきりねはぬける
　　こゝろハだん〳〵いさみくる

病と申しても肉体の病、心の病とあり、またこれを「身体の悩み」「心の悩み」ともいう。

心の病は八つのほこりから現れてくるのである。ほこりというのは程度を越しての心遣いを申し、そのほこりが積もり重なって心の病となり、心の病が積もり重なって肉体の病と変化するのである。

いままでは心の病を知らぬために、ただ肉体の病だけの治療をしていたのである。肉体の病には医者も薬もあるが、心の病を治療する方法が悟れなかったのである。すなわち心の病が本当の病であることを知らなかったのである。たとえ知っていても、心の病が肉体の病と現れてくることを知らなかったのである。また、汗水流してつくりあげた金銭や財産を、医者、薬のために無駄《むだ》に費やさなければならぬことになる。こういうことを人間は死ぬまで繰り返しているのであり、ついに肉体を不自由にせねばならぬようになるのである。親神様は、

　やむほどつらいことハない　わしもこれからひのきしん　　三下り目 8

と仰せられているのである。ひのきしんという、親神様がお喜びくだされる行為によって、病気や悩みが軽くなるのである。

また、心の病は医者、薬では容易にたすからぬために、世の中では祈禱《きとう》まじないなどが現れるのであるが、これも一時の手当てにすぎないのである。「病の元は心から」「難儀

するのも心から」との親神様の教えによって心の病を取りされば、すっきり根は抜けるのである。心の病が根抜けした場合には、肉体の病が根抜けして、全治して健康となり、心はだんだん元気も出、楽しみも出て陽気世界となるのである。

人間は病気よりも貧乏がつらいという人もあるが、貧乏は肉体の健康があるので、心の苦しみ、悩みは割合に少ないのである。苦しみの中では病気がいちばん苦しいということであり、身体の弱い者、病気の多い人、心の悩みのたくさんある人は、この教えによって完全にたすかることができるのである。

九ッ　こゝはこのよのごくらくや
わしもはや〳〵まゐりたい

「こゝは」というのは、親神様のお住居《すまい》場所、すなわちおぢばをいうのである。

「このよのごくらく」とは、楽しんでにこにこ暮らす生活である。人間は楽しみがあっても、その楽しみを苦労にする人がある。また、その苦労を地獄と考える者もある。これらの原因はみな、人間個人個人の心遣いと性質にあるのである。ゆえに、この心遣いと性質を知らないと、生涯苦労しなければならず、また地獄で終わらなければならない。めいめいの心次第で極楽世界とも地獄世界ともなるわけである。昔から、高いところを見て世渡りすれば地獄となり、低いところを見て世渡りすれば極楽になるとの諺《ことわざ》があるが、親神様のお話を聞かせていただくと、地獄になる心遣いと性質、また極楽になる心遣いと性質がはっきり分かってくるのである。

ゆえに人間は、何をおいても親神様の膝元《ひざもと》へ帰らせていただくことになるのである。「お参り」でも、お道では簡単にお参りするというのではなく、親神様の膝元、すなわちぢばへ帰らせていただいてお礼と喜びを申し上げ、苦労や悩みを忘れて大きな心、大きな考えになって親神様にお喜びいただくのである。お道の信者にして、親神様のお膝元へ帰らせていただくのが遠のいて怠《おこた》りがちになると、心がいずむのである。何となく心寂《さび》しくなり、勝手の心が出てくるのである。それで時々、親神様が身体にお知らせを下されて、親神様のお膝元に帰らせていただき、また元気を取り戻させていただくのである。常に親神様のお膝元から遠ざからぬようにせねばならぬ。

十ド　このたびむねのうち　すみきりましたがありがたい

以上述べたごとく、親神様の心に接近すればするほど、心の中に楽しみが出てくるのである。「むねのうち」とは、胸三寸のところにお互いの心が存在するのであるから、心のうちという意味になる。「すみきり」というのは、水なれば清水のようなものである。天候でいえば晴天で、暖かく風もなく、なんともいえぬよき天気であるごとく、何ごともありがたい、ありがたいという心が湧《わ》きあがってくるのをいうのである。

単にありがたい、ありがたいといえば、人は天理教に夢中になったとか、ぼけたとかいうが、このお道のありがたいというのは根拠のあるありがたいである。それは、身上は親神様よりのかりものであって、火、水、風の親神様のご苦労を頂くからこそ身体が壮健になり、このかりもので働くから金銭物品にも恵まれるのであって、親神様に生かしていただいているというありがたさを感謝するのである。根拠のない場合には変人としてみられ、根拠のあるありがたさならば、人格も高くなり、ますますお恵みを頂くことになる。

五下り目

一ッ　ひろいせかいのうちなれバ
　　たすけるところがまゝあらう

お道は、日本全国に広がったのであるが、もう布教する場所がないと考える人もあるので、親神様は日本ばかりでなく、外国までも布教せねばならぬと思召《おぼしめ》して、広く世界中と仰せられたのである。

日本でも、まだ天理教教会のない町村がたくさんある。また都市でも、たすける場所がたくさんある。日本国中の人口の割合からいくと、天理教の信者は、その四十分の一に過ぎない。また「たすけるところ」といっても、肉体の病気ばかりでなく、心を病んでいる者もいくらでもある。ゆえに親神様は、お道の仕事は数え切れぬほどあり、親神様がいくらでも働いてやろうと仰せられるのである。

元来、たすけ一条は、「たすける理がたすかる」と仰せられるのである。たすけるということができぬというのは、自分の心がいずんでいるのである。
また、自分がたすかりたいと思ったならば、たすける理よりほかにないのである。

二一ッ　ふしぎなたすけハこのところ
おびやはうそのゆるしだす

「このところ」と申すのは、親神様のお住居《すまい》場所、すなわちおぢばである。ゆえに人間の考え、知恵以上の不思議なおたすけがあるのである。

教祖《おやさま》は最初、をびや（お産）、ほうそ（疱瘡《ほうそう》・天然痘《てんねんとう》）のおたすけから不思議なたすけを始められたのである。これが肉体のおたすけの始まりで、次々とどんな難病でもおたすけを頂いたのである。

医者・薬でたすからぬ村人たちが、どんどんおたすけを頂いたのである。村には、医者もあるし、薬もあり、また他の治療方法が十分にあったのであるが、近郷近在からたすけていただきたいと、難病の人が黒山のごとく集まってきた。そして次々と、不思議なたすけの話が伝わっていったのである。それがために、妨害者や迫害者が現れて、ついに官憲の圧迫となり、教祖は、何回となく警察の拘留《こうりゅう》を受けて、ご苦労にご苦労を重ねられたが、その理で、ますます不思議なたすけがあがったのである。

われわれ教信者は、この教祖のご苦労をよく悟り、あまつさえ二十五年の寿命を縮めて、私ども人間の成人をお急《せ》き込みくだされたことを、深く深く悟らなければならぬとともに、私どもが現在、無病息災で通らせていただくことができるのは、教祖のご苦労があるからであることを悟り、このご苦労に対して信者は、いうまでもなく未信者を一人でも多くお連れ申してぢばへ帰り、教祖に喜んでいただかなければならぬ。

三ッ　みづとかみとはおなじこと
こゝろのよごれをあらひきる

何ごとも柔順ということが大切なものである。羽織のひもでも左右が柔順であるから結ぶことができるのである。針金や棒では結ぶことはできない。

柔順な人には病気が少ない。また病気にしても骨の病気、筋の病気、皮膚《ひふ》の病気はみな、こわばったり突っぱったりするために、それが病気となって現れてくるのである。

目には見えぬが、生きてお働きくだされ、この世の中を取り締まっておられる親神様は、人間のすることについて柔順にお働きくだされているのである。それゆえに、水と神とは同じこととおっしゃるのである。

「水は方円の器に随《したが》う」といって、まるい器でも角の器でも、すべての器に入れると、理屈もなく文句もなく、反抗もせず柔順に器に納まるのである。水はくにとこたちのみこと様と申し上げて、天では月様と現れ、人間身の内では目うるおいのご守護、世界では水一切をお造りくだされるのである。

水はすべての第一位をしめている。ゆえに、何ごとも水のごとくに柔順でなければならない。親神様も水と同じ心をお持ちくだされているのである。そこで、心の汚れも水で洗いきってくだされるのである。身体《からだ》の汚れにしても、入浴してあかを落として汚れを洗いきるのである。お湯は水と火のご守護で、両親のふところである。また着物を洗うにしても、着物が柔順であるからあかがとれるのである。そして洗ったものを、日様のお力を頂いて乾かすのである。

入浴する場合には、裸にならなければ入浴できないのである。裸になってこそ気持ちよく温まって、あかが出てさっぱりする。そして二度も三度も入浴したくなってくるのである。何ごとにも掃除をしない場合には皮膚病になるとか、ばい菌のために身体の自由を失うことになる。掃除をすることは衛生上ばかりでなく、全身を美しく高尚《こうしょう》にするのである。

前に述べたごとく、入浴するには裸にならねばならぬが、それと同じごとく心の入浴も必要であり、心が入浴するのにも裸にならなければならぬ。そして、心の汚れを洗わなければならない。心を洗わないために、いろいろの病気も現れ、また事情も現れてくる。必ずいずれかが発生するのである。しかるに人間は、心の入浴をした者はない。ゆえに、このお言葉は、神と水とは同じであって、親神様が心の汚れを洗ってくだされるというお言葉であることを、深く思案して実行せねばならぬのである。

万物は水と火のこの二つによって生成化育するのである。水と暖かみが集まってお湯となる。湯でなければ汚れは完全にきれいにならぬのである。人間の肉体にしても、種は水であって苗代《なわしろ》は暖かみである。これによって人間の胎児が成長するのである。

元来、この教えは心の掃除が第一であることを悟らねばならぬ。洗ったものには、ほこりとかごみとか汚れものが出なければならぬ。その汚れたものを、自分のものであるから風呂《ふろ》場なり洗濯場なりに捨てるのは惜しいという心の出る者は一人もない。それと同じで、心の汚れを洗いきるにも、惜しいという者はないはずである。お言葉に、

「誠一つが天の理。天の理なれば、直《す》ぐと受け取る直ぐと返すが一つの理」と仰せられるように、親神様は、掃除して洗いきったものは誠として受け取ってくだされ、その誠が天の恵みとなって与えられてくるのである。結局、心の廃物と正味とを交換していただくのであり、廃物と正味を交換していただくことが人生の幸福となるのである。それを知らず、汚れがついているために短命に終わる。また病身となり、嘆いて通る人々がたくさんいる。それは結局、心の掃除を実行して親神様のふところに入らねばならぬ。これが、心の入浴は長命ということになる。

かくのごとく、陽気ぐらしをさせたいという親神様の思召であり、ご慈悲であるこの教理を徐々に実行していったならば、天災地変も避けられるのであり、安心立命《あんじんりゅうめい》はここにあることを深く悟らなければならぬのである。

四ッ　よくのないものなけれども
かみのまへにハよくはない

誰《だれ》にでも「よく」はあるが、その「よく」の程度を越して多くあるかないかの区別が問題である。程度を越してたくさんある者は、その「よく」が一家に不和を起こし、親戚《しんせき》や他人の間において疎遠にされ、ついには孤立の生活に陥《おちい》ってしまうのである。

しかし、信仰のうえにおいては「よく」があっては親神様に受け取っていただくことはできないのであって、ご恩報じを第一として通らせていただくところに親神様のお働きを頂くことができるのである。

五ッ　いつまでしん〴〵したとても
やうきづくめであるほどに

「いつまで」ということは、生涯ということである。この信心は一時限りの信心ではなく、永久的な信仰であり、信仰すれば信仰するほど、陽気づくめでなければならぬと仰せられる。陽気というのは、身体《からだ》が丈夫で長生きをして、金銭・物品には不自由なく、家々は一手一つとなり、心から楽しみの世渡りをさせていただく生活をいうのである。信仰しても、陽気づくめでない人は、信仰の筋道が間違っていることを悟らなければならぬ。

なんぼしん〴〵したとても　こゝろえちがひはならんぞへ

六下り目　7

やつぱりしん〴〵せにやならん　こゝろえちがひはでなほしや　　六下り目　８

と仰せられる。信仰は誰のためでもなく、信仰によって自分の陽気ぐらしができるのであるから、信仰をやめなさいと言われても、信仰はやめられませんということになる。親神様のご守護を頂けば、親神様が生きて働いてくだされることが分かり、陽気ぐらしができるのである。

六ッ　むごいこゝろをうちわすれ
　　　やさしきこゝろになりてこい

「むごいこゝろ」とは、気短《きみじか》、癇癪《かんしゃく》、慈悲のない邪険の心、理屈の多すぎる心、人を押さえつける心、人を苦しめても察しのない心などであるが、それを反対に、やさしい心になって信仰してもらいたいとのお言葉である。やさしい心とは、文字のとおりで、たすけたい心、思いやりの心、同情深い心、服従の心、反省の心である。この心で信仰したならば、難病がなくなるとおっしゃるのである。

七ッ　なんでもなんぎハさゝぬぞへ
たすけいちじよのこのところ

たすけ一条のこのところに来て、つとめさせていただき、ひのきしんをさせていただき、親神様に孝行したならば、親神様は病気その他なんでも、苦しむことはさせぬとおっしゃる。すなわち、親神様に喜んでいただくことをさせていただくのである。

同じ世の中のことでも、人を精神的にたすけるということほど親神様に喜んでいただくことはない。物質たすけは、あちらこちらで行われ、また道徳のたすけも行われているが、たすかる人が満足しないのである。親神様のたすけ一条を根本として、おたすけするならば、肉体も精神もともにたすかって、喜びが湧《わ》いてくるのである。

　こゝまでしん〴〵してからハ　ひとつのかうをもみにやならぬ　六下り目　9

と仰せられているとおり、親神様から、感心であると褒《ほ》められるまでつとめきることを、こうのうというのである。朝から寝るまで利己主義、我が身思案で一代を終えるのは、親神様に対しても、誠に申し訳ないことである。人は死しても名を残すということがこうのうであり、人間はたすけ一条に進んでこうのうを残さなければならぬ。

八ッ　やまとばかりやないほどに
くに〳〵までへもたすけゆく

「やまと」とは日本の国をいう場合もある。小さくいえば奈良県のおぢば付近のことをいうのである。「くに〳〵」というのは外国を指す場合もあるし、また、日本国内のたくさんの国々をいう場合もある。もっと小さくいえば都会もあるし田舎もある。天の下の人間たるものに、一人も余さず残さずに親神様の教えを伝えていく、広げていくことを「たすけゆく」というのである。

いままでは人間の教えであった。その教えを道徳の教えという。道徳の教えは立派な教えであるけれども、人間心から出発した互いたて合いたすけ合いをいうのであり、ひと言でいえば人間同士は仲よくするということになる。四海兄弟《しかいけいてい》といわれるのであるから、これを陽気ぐらしということにもなる。なれど道徳の教えは処罰の法がないために、めいめいが気まま、わがまま、自分勝手の道を通り、ついに道徳の教えを尊重しなくなり、知らず知らず破壊することになる。それがために夫婦の離別、親を捨てたり子供を捨てたり、また兄弟の争いなどが起こり、人間同士は自分さえよかったら人はどうでもかまわぬという、ほとんど極端な精神にまで進んできたように思われる。

同じたすけでも、肉体をたすけるのと、精神をたすけるのと二通りある。肉体のたすけは物質たすけとなる。精神たすけは心をたすけることとなる。心をたすけるということは永久的である。物質たすけは一時的である。世の中の人たちは物質救済を主とする立派なたすけをするけれども、親神様からご覧になると、精神たすけの立派なのをほしいとおっしゃるのである。人間は病気が出るのも災難が出るのも、みな欲と高慢などのためであり、ついに自滅となることになる。親神様は、人間は我が子であるとおっしゃる。その我が子が道徳も尊重せず、欲と高慢で張りつめるために、ついに夫婦、親子、兄弟、他人に至るまで我が身勝手をもって世渡りするようになる。それがために病気も続々と現れてくる。したがって人間の犯罪も多く現れてくる。ゆえに病気も医者も薬も科学的に現れてくる。警察も署員が続々現れ、刑務所も多忙を極めるようになり、法律もたびたび改正することになる。今日までは宗教もたくさんあるが、その宗教を無視する者が続々現れる。高慢となる者も欲の深い者も、次から次へ続々と現れてくる。これを川向こうの火事と思うような考えを持ってはならない。

人間を造られた親神様は、陽気ぐらしを見たいというのが思召《おぼしめし》である。その親神様の心を察して、子供たる者は親神様のお苦しみを知らずにいてはならない。

親神様は「たすける理がたすかる」とおっしゃる。すなわち精神のたすけが心だすけである。たすけるということは、前述のごとく、親神の教えを伝えることがたすけるということになる。また、医薬でたすからぬ者をおさづけでたすけることも、たすけるという理になる。病をたすけるばかりでなく心だすけのたすけである。病の元は心から、難儀するのも心から、幸せとなるのも心から、ゆえに、たすかるのも心次第、たすからぬのも心次第である。大切なる心の存在を知らず、心の働きも知らず、ただ物質や肉体のみを研究していては完全な救済とは決していえない。

心の働きによって病気も災難も出てくる。そこで病の元は心からと、前述の親神様のお言葉がある。病気を治すことは、肉体を造ってくだされた親神様には自由自在である。

何ごとにおいても原因と結果がある。また、元があれば末がある。ゆえに結果を見た場合には元を考え、原因を見て結果を調べていくことが大切である。その元なり原因なり、それを物質なり形のうえから判断するのが科学的知恵である。心の使い方から調べていくのが親神様の教えを受けた知恵である。科学的知恵も大切であるが、何ごとも、元を研究、勉強しなければならない。たとえて申せば、朝顔が朝、悲しいような花を咲かせたとすれば、それを見るのがいやであるから花をむしる。それを良いと思っても、翌朝また咲く。またそれをむしっても花が咲く。それと同じで、病気になっても、災難にあっても、肉体さえ治れば完全に治癒《ちゆ》したからよいと思うけれども、病の根は心にある。その心というのが病原を製造した心であり、それを持ち前性分《しょうぶん》というのである。

もう一つ、世界の言葉で分かりやすくいうと「くせ」である。その「くせ」が病の元になり、根になり元になっている。また反対に良い心もある。これは「くせ」とはいわない。その「くせ」が、どういうところから生まれてきたかを知っている者はない。それは前生世渡りした行為からである。

生まれかわれば、そういうものは消滅したように見えるが、その「くせ」が魂についている。いままで前生、前々生、今生でも心の掃除、魂の掃除をした人は一人もない。なれど生まれかわってくるたびごとに心の掃除をしないから、悪いくせが二十、五十、また百の人もある。悪い行為をしたのがくせとなって魂についている。その魂を掃除するので、これが短命をせぬことになるのである。人間は財産を伸ばすことには汗水たらして働いているが、寿命を延ばすことを知っている者はない。日々その人その人によって寿命を縮めている者もあり、寿命を延ばしている者もある。また陰徳を積んでいる者もある。陰徳を削っている者もある。削る人は積むことを全然しないので、貧乏の元となる。ゆえに、みかぐらうたにもあるとおり、畑と種とこやしの三つをもって世渡りしなければならない。

この三つを持ち合わせて世渡りして、種をまかなければ幸せが出てこぬ。畑を知らぬから種こやしの必要を知らぬ。人間は、農家の畑と思っているから知恵が進まぬのである。畑は地の畑、天の畑、神の畑、自分の畑とある。地の畑は、いうまでもなく食物の畑である。天の畑は、人間が生まれてきた時に、その畑を持たしてくださる。神の畑は、親神様のお鎮《しず》まりくださるところをいう。自分の畑というのは、自分の心が畑である。自分の心が畑ということを聞かせてもらったら、自分の行為は善悪ともみな種となるのである。すべて行ったものは種となる。そのまかれたものは善悪ともにあるから、幸福もその心から湧《わ》いてくる。財産もその心から湧いてくる。病気もその心から、災難もその心から湧いてくる。この話を聞いてもらって、たすかるのも心次第、たすからぬのも心次第ということが認められたことになる。これによって毎日の心の使い方、すなわち自らの行為を知らなければならない。

人間はとかく病気にとりつかれた、災難にあった、幸福は天から降ってくると考えている。また人間は世渡りするのに、堅く正直に、人に迷惑をかけぬようにしたならば、至れり尽くせりの完全なる精神となることを悟っている。なれども幸福を受ける者もあり、受けられぬ者もある。人間世界に幸不幸の区別が現れてくるのは、心の使い方一つにある。十人よれば十色《といろ》というように、性質も心の使い方も違う。その人間の心によって、そのとおり働くとおっしゃる。

同じ人間の姿をしていても、心はみなめいめい違っている。いやしい心、きたない心、薄情の心、恩知らずの心、わがままのつよい心、欲の深い心、高慢のつよい心、みな人によって違うのである。それがために、そのとおりの行為が姿に現れてくるのである。それを、

なんぎするのもこゝろから　わがみうらみであるほどに　十下り目 7

と仰せられたのである。

このお話を伝えに行くのが、おたすけに行くということになる。このおたすけの理は、なかなか尊いのである。すなわち自分の寿命が延びる元となる。長生きをしたいならば、たとえ近所でも、親戚《しんせき》、知り合いにでも、お話をすることが「たすけゆく」ということにな

るのである。

お話を聞いた者は生涯末代、実行すれば幸福にも長命にもなる。お話をして相手が実行してもしなくても、お話をさせてもらいたいというのが誠真実であり、神の名代《みょうだい》であり、これがたすかったご恩を返すことになる。このたすけた理が生涯、心に残るのである。この理ほど尊いものはない。子孫に立派な心のある者が、その家の後継者となる。親神様は無理にどうせこうせとはいわん、そこはめいめいの胸次第と仰せられているから、人間のほうより、どうかたすけさせてもらいたいと理をつくるのである。

九ッ　こゝはこのよのもとのぢば
めづらしところがあらはれた

「こゝ」というのは、かんろだいの据えてある親神様のお住居《すまい》場所。「このよのもとのぢば」というのは、天地を開き万物を造り、一分間の絶え間もなくご苦労くだされ、生き物を不自由ないようにしてくだされている場所。その場所をいままで知らずにいたのである。

そこで天保《てんぽう》九年十月二十六日の旬刻限の到来とともに、教祖《おやさま》の身体《からだ》を神のやしろと貰《もら》い受け、元の神・実の神、すなわち火水の神、月日の神様が、人間すなわち我が子と、物語りをしたいと仰せられて現れられたのである。

神様にはお口がないので、教祖の口を借りて、その思召《おぼしめし》をお説きくだされたのである。いままでの神社は木でこしらえたお社《やしろ》だから、木には口がないために、物語りができないので、教祖の身体を貰い受けて物語りなされたのである。そこですべての元、すなわち人間も世界も親神様によって造られたということは、いままで聞いたこともないゆえに、人間からいえば「めづらしところがあらはれた」ということになる。さすれば、人間といえば日本人ばかりでなく、外国人でもこの身体は少しも変わりはない。日本人でも外国人でも、このぢばが親神様が最初に人間を宿し込みくだされた場所であることが分かったのである。人間は生まれて他所《よそ》へ行き、そこで生まれかわりをして、また他所へ行き、八千八《や》度《たび》の生まれかわりをしたということをお知らせくだされたのである。

人間は最初、丈《たけ》五分から生まれ、九十九年経《た》って三寸、また九十九年経って三寸五分となり、また生まれかわって四寸となり、ついに五尺以上の立派な身体になったのである。

身体はひと口でいえば家屋のようなもので、その中に住まうものがあるのである。それは人間の心である。心は天に昇っては霊魂といい、人間の身体に入ると心という。これは気とも、精神ともいうのである。信仰に対して疑いを解くとは、自分の身体を見て考えたらよく分かる。自分の身体を見たならば、余計な邪魔者がない。外部はともかく自分の内部を調べてみて、これを誰が造ったかを考えてみれば、理屈や理論では解決できない。

そこで、身上は神のかしものである。誰に貸したかというと、人間の心に貸したと仰せられる。すなわち心が肉体の主人公である。いいかえれば心が、住まう家である肉体を親神様から拝借したのである。借りたものならば期限がついているし、感謝の心がなければならぬ。それをいままで知らなかったのである。いままで知っていたのは、父母にこの身体をつくっていただいたということである。生まれた以上は自分の身体であって、使うのは自分の勝手である。すべて人間は、自分の身体であるから働いてもうけたものは自分のものであると、都合の良いことは自分のものにし、病気や災難など都合の悪いことはみな、ほかに原因をなすりつけて世渡りしてきたのである。親神様が入り込んで血肉を造ってくだされるから働くことができるのである。食物を食べたから血肉になるのではなく、親神様のお働きを頂くので血肉となるのである。いくら食べても食べても、やせる人がある。また、いくら働いても働いても、貧乏する人がある。親神様のお働きを頂いて血肉ができるので、知恵もつき、身体が丈夫になるのである。「宿し込むのも月日なり、生まれ出すのも月日せわどり」と仰せられて、すべて親神様の自由《じゅうよう》である。ちょっと神様のお力がなくなると倒れてしまう。また、起きたいと思っても起きることはできない。借り物に封印されたと同じようなものである。世界並みのふとん牢《ろう》に入ったのである。これを知らずに病気といっているのである。人間と人間の関係に悪いところはなくても、親神様と人間の関係に対していろいろの事故ができると、身上に現れてくるのである。親神様は決して罰を当てるのではない。神あって人間ということを知らずに、人間あって神という主客転倒した人間本位、科学本位、物質本位の考えが違っていたのである。

どうでもしん〳〵するならバ
かうをむすぼやないかいな

人間は自分で生きているのではなく、親神様が生かしてくだされているのである。すなわち、神あって人間となる。人間は心一つによって出世もし、幸福にもなれるし不幸にもなるのである。親神様の教えを受けて実行した者が幸福となり、長生きをするということが悟れた者は、どうしても信心しなければならぬようになる。信心したからには信者をつくり、自他の霊魂に徳を積むことを教えなければならない。これが「こうを結ぶ」ということになる。

また、信心したからにはこうのうを積んでおかねばならぬことになる。それには人間同士が親神様の話を聞かせてもらって、親神様に安心していただくことを相談して実行しなければならない。親神様は、

むりにどうせといはんでな　そこはめい〳〵のむねしだい　七下り目　6

と仰せられているように、人間同士がお互いに「あなたも信者をこしらえなさい、私も拝み信仰では親神様にご苦労をかけるばかりで申し訳がないから信者をつくりましょう」といって、こうのうを積ませていただくのである。昔は「こうのう」を積んだ人々は神社なり仏閣なりに祀《まつ》られて、末代、人々に拝まれたのである。いまは神社、仏閣がないので、こうを結んで、子孫末代まで人々が感謝的信仰をもって拝んでくれるようになる。お互い人間は、こうのうを積んで末代、人に拝んでもらうようにならねばならぬ。

六下り目

一ッ　ひとのこゝろといふものハ
　うたがひぶかいものなるぞ

親神様は何ゆえに人間の心は疑い深いと仰せられているか。これは、親神様のお言葉であるから、人間はさだめて知っていなければならない。

昔から「人を見たら泥棒《どろぼう》と思え、火を見たら火事と思え」と、用心が過ぎて疑わなければならないのであるが、半面、人の言葉を聞くごとに、ものを見るごとに疑いを起こしてはならないのである。

疑いというものは一つのしるし、根拠あるしるしをもっての疑い深さでなければならぬ。様子を見て疑うのは、万一間違えば、重大問題となるのであり、場合によっては侮辱《ぶじょく》罪となること、なきにしもあらずである。元来、疑いというものは、心の持ち方が変化するのが一つの原因でなければならぬのであり、昔から「疑うべし疑うべからず」「信ずべし信ずべからず」という説もあるが、証拠を握った場合は疑わなければならないし、信じてはならない。何ごともやたらに疑うことはできないのである。疑うには、信ぜぬには、根拠がなければならない。同じ疑うのでも、詐欺《さぎ》とか窃盗《せっとう》とか、すべて証拠があってからのことで、強く疑うことはできない。万一、証拠不完全となった場合、自分の認めた精神が間違っていたことになることもあり、結局、人間と人間との交際が断絶しかかることが、ままあるのである。

親神様の仰せられた「疑い深いもの」とは、主に神様を疑うことに重きをおいておられるが、人間を造ったのは親神様であると名乗りをあげたにもかかわらず、疑いをもっているからである。

人間を造られた親神様は、十柱の神であって、母の胎内に十カ月とどまって人間の肉体が完全となり、十日間はお産の準備をされて、いよいよ十月十日《とつきとおか》で子が産み出されることになるのである。十の神様が人間の肉体を造られたということを教えられたにもかかわらず、疑い深いために、出直しするまで疑って信じない人が、お道の中にもあるように思われる。

親神様であると分かった以上は、親神様から身上を拝借していることを早く確実に認め、了解するのであるが、それを幾年経《た》っても悟れないゆえに、親神様が疑い深いと仰せられたのである。この親神様のほかに、人間を造られた神が存在してお働きくださることがあるならばともかくとしても、さようなものは一つもなく、それならば早く疑いを晴らして親神様にすがり、親神様に孝行して、日夜喜んで暮らさなければならぬのである。

こゝまでしん〴〵したけれど　もとのかみとハしらなんだ　三下り目　9

このたびあらはれた　じつのかみにはさうゐない　三下り目　10

と述べられたとおり、長い間親神様を信仰していても、口だけのもので、真の親神であることに気がつかぬことがある。いよいよ自分の身上が旦夕《たんせき》に迫って、親神様に不思議なご守護を頂いてその存在を知るのであるが、確かに月日すなわち火、水、風は親神様であることを悟るのに、五年十年かかっても分からぬ悟りのにぶい人間もある。ゆえに、長い間信仰しても、元の神・実の神、すなわち月日の神の存在を認めることができなかったことから、この言葉は親神様のご催促であると悟らせてもらっている。

二ッ　ふしぎなたすけをするからに いかなることもみさだめる

「ふしぎなたすけ」というのは、思わぬご利益《りやく》、予想外のご利益、人間の知恵以外のご利益、言語に尽くせないご利益、すべて物質に限らず、出世でも何ごとでも予想外のありがたいことが湧《わ》き出たことをいうのである。この不思議は、いかなる神のお働きかと申すと、神と人間との疑いを晴らしたところに親神様のお働きが現れるのである。もし、これが悟れない場合は、生んでくれた親は知っているが、身体《からだ》を造られた親は知らないで終わるのであり、誠に気の毒と申さねばならない。

親神様はご守護を人間に対して下さるのであるから、どんなことでも善悪細大もらさず見抜き見通しであって、人間の心を取り締まりくだされており、人間は人間の行動によって神が働くのであることを知らなければならないのである。

前に述べたごとく、不思議なたすけは親神様のなされることであるにもかかわらず、多くの人々が、運が良かったとか幸せであったとか申して、神様のご苦労、神様の人間可愛《かわい》いお心、人間のためにお働きくださったことを、不思議とか、自分の運が向いたのだとか、自分の幸福を得たのだとか考えるのは、帰するところ、神の存在を知らない結果であり、神様のお働きを知らず、感謝という精神が少しもないからである。すなわち自己本位であり、俗にいう手前味噌《みそ》であることを悟らなければならない。

何ごとにても自分の働きから幸福が生まれ、自分の働きから出世をすると考えるのは、みな良いことは自分のものに横取りをして、神の働きを踏んだり蹴《け》ったりすることになるのである。

この精神が利己主義であって、天の道理を知らない結果である現在、親の丹精によって人は成長しているのであるが、自分一人で成長したのであると思い、また自分の欠点を悟らずして、人の欠点を見て悪《あ》しきところを正そうとする。これがみな恩知らずとなり、家庭を紊乱《びんらん》させる原因となるのである。

ゆえに、この教えは、人の欠点を見て自分の欠点を正しくするのである。自分の欠点に気がついた場合には、自分の心を入れ替えなければならない。いわゆる、自分の本分を全《まっと》うすることでなくてはならぬ。それを自分の本分を尽くさずして、人の欠点をあげて矯正しようとする世の中の人の精神的原因は、まず自分が楽をする、安心をするというところにあるのである。

人間は人のために働き、親神様のために働かなければならぬ。これがご奉公主義となって、出世の道程に入れるのである。この人間の精神を見定めてくださって、人間の行為を種になさるのである。その種が自分の魂へ植えつけられて、自分の魂から芽が出、花が咲いて、幸福と現れてくるのである。幸福というのは、健康体を与えていただき、衣食住を全うすることであり、不幸は病気・災難にあうことである。人間は、行ったとおりの心遣いが、そのものに戻されていくことを、早く悟りきらなければならない。神が何ごともみな見定めていることを忘れてはならない。

三ッ　みなせかいのむねのうち
かゞみのごとくにうつるなり

「せかいのむねのうち」は、世界は親神様の身体であるから、鏡のごとく親神の心に映るのである。

前に申したとおり、善悪細大もらさず自分の行ったことが親神様の鏡に映されて、ひとコマひとコマ映画の撮影をされ、写真を撮られたようなものである。

人間は人が見ておらねば、たとえ秘密にしようが平気になっているが、親神様はめいめいの肉体に入り込んで、ぬくみ、水気《すいき》、つく息ひく息となってお働きくだされているのである。人間言葉から出たものでも、人間言葉へ出さないものでも、親神様は何ごとでもご存じである。昔は親神様の存在を知らぬために、壁に耳あり、とっくりに口ありなどと、人間の心を戒められていたのであるが、いまではこんなことを用いる者はないのである。神が存在されて人間の心一つ一つを見抜き見通されてあるので、その行ったものを人間の心に種まきされるのである。そのまかれた種が、善ならば幸福となり、悪ならば、すなわちほこりなら病気・災難となって、積もり重なって現れてくるのである。

親神様は天理法則をおつくりくださったのである。

その法則を簡単に申せば、善悪細大もらさず、その人の行為はそのものに戻してやる。行ったものが戻されて、それが今生の世渡りのすべての結果となるということであり、人間はこれを知らなければならないのである。こういう天の法則があるから、人間が勝手気まま、わがままの行いをすれば、それがみな戻されるのであり、その結果として、この世の中の人間の境遇が一人一人違って現れているのである。

世界各国の人間の善悪の行為が、この法則にみな当てはまることを悟らなければならぬ。また、天の下の人間の制裁力は、この法則で制裁を受けていることを知らなければならぬ。この筋道から考えるに、病気・災難は人間が天の制裁を受ける点が多々あり、また反対に幸福を受ける人間は、これも天の法則によって、ごほうびを受けると思う点がある。善《よ》いことがあればごほうび、悪い点があれば叱《しか》られるという観念を持たなければならない。

身上・事情は神の声とまで聞かしてもらっているが、この親神様は天地を開き、万物を造り、人間を造り、天地となり、月、日、火、水、風となってお働きくださるために、人間万物が生成化育されているのであって、目に見えない神のお働きである。

それを知らず、とかく自然とか天然とかいう言葉で解決する人が日々に多くなり、ついにはこの世の中に神はない、神という言葉はうそだ、自然で解決しているから、神の必要はないと力説している人があることを聞いているが、言語に絶したというほかはない。

早く人間は親神様の存在を知って、親神様との親密な関係を結ばなければならぬのである。自然の程度を越してしまうと、無神論者があふれてくる結果になるので、早く親神様に対しての疑いを解かねばならない。

そして、人間の霊魂は不滅であって、その性質を持った魂が赤子の肉体に入るのであるから、その肉体の顔、形すべてが、その人の性質どおりに現れてくるのである。親神様は各自の身体の姿を見て改良せよと教えられるのである。

四ッ　ようこそつとめについてきた
これがたすけのもとだてや

「ようこそ」というのは、親神様の人間に対するお褒《ほ》めの言葉である。

「つとめ」というのはいろいろあるが、具体的に並べてみると、「かぐらづとめ」「てをどりづとめ」があり、また、「心だすけのつとめ」「身上たすけのつとめ」「事情たすけのつとめ」「人情だすけのつとめ」「理のつとめ」「心ぶしんのつとめ」「種まきのつとめ」「事務上のつとめ」などに悟ることもできる。いずれもひのきしん精神が元であり、親神様に対するお礼奉公と精神救済をするのであって、これがすべての元を司《つかさど》ると同時に、理を立てて人も立てて我が身も立つのである。

「かぐらづとめ」「てをどりづとめ」は、神意を慰め世の中を陽気にし、したがって人間の心も陽気にするつとめである。この精神があふれる時は、手の舞い、足の踏むところを知らざる、すなわち神人合一の究極の境地になるのである。このつとめは本教の一大儀式である。このつとめの理についてはご本部から詳しく打ち出されているので、お分かりのことと思う。

そして、この「つとめ」は陽気ぐらしの筋道を教えるのである。また人間は、この世の中で陽気ぐらしをせねばならぬのである。

もともと人間の性質は積極性と消極性とある。消極的精神は陰気な精神、天候でいえば曇天《どんてん》のごときもので、農作物はもちろん、人間はじめ動植物は日光を受けることができず、人間は社会に悪影響をおよぼし、物質は次第に腐敗してくるのである。陰気は常に泣き言をこぼしたり、不平を言ったり愚痴《ぐち》をこぼしたりするので、これらはみな消極的陰気精神である。自分が陰気なれば、一家の者や周囲の人々の心を陰気にするので、大いに注意をせねばならぬ。

これに反して、積極的精神は発展する陽気精神で、これには勇気と度胸が第一である。ものごとを発展方向に行うのであって、人間はこの精神が最も必要である。しかし、積極的精神ばかりでも行きすぎるので、消極的精神も必要であって、積極的精神が七、八分、消極的精神が二、三分でなければならぬのである。これが陽気ぐらしの初歩となるのである。

次に「心だすけのつとめ」は「精神だすけ」ともいう。人間の心は、天に存在する時は霊魂といい、人間の肉体に入って心というのである。みかぐらうたは、すべて心を中心にお説きくだされているが、いまの世の中の人々はみな、肉体を重きに考えているのである。しかし、心あっての肉体であると申さねばならぬ。親神様は肉体のことを心の住まい家として、あるいは心の入れ物として、あるいは心の着物のごとく（着物とは肉体のことをいう）仰せられ、人間の生死は、古い着物をぬいで新しい着物と着替えるようなものであると仰せられたのである。古い着物とは老人の身体のことを仰せられ、新しい着物とは赤子の身体を仰せられたものである。ゆえに肉体は一代限りで、心は末代である。その心をたすけるというのが親神様の思召《おぼしめし》である。

親神様は人間の肉体に備えつけてある、目、耳、鼻、口、両手、両足、男女一の道具の自由《じゅうよう》を人間の心に貸し与えられたのである。肉体の器官は、心遣いによりて親神様がお働きなされるのであり、人間にはこの九つの道具を心が使っているということを悟る力がなかったのである。ゆえに、この道具の使い方を誤った場合、破損したのは心に疵《きず》がついたためということに気がつかぬのである。毎日やたらに使って、収穫はみな自分のものとしていても、道具が破損した場合、その原因は使い方が悪《あ》しきためであったということを悟る力がなかったのである。医学、生理学などの学問の進んでいるいまの世の中でも、病気は心に疵がついたからという理を悟る力はないのである。人間の知恵、学問は相当の進歩をしているが、これらは姿や形に現れた場合を研究するのであり、目に見えぬものは、その対象に入らぬのである。しかし、これを研究せねばならぬのである。

たとえて申せば、火、水、風は天然力であるといっているが、これは天然力ではない。これは元の神・実の神であることを教えられたので、人間はこの火、水、風の親神様のお働きによって生きているのであることを悟らせていただいたのである。この火、水、風の親神様のお働き、お心が悟れてくると、これが心の成人ということになるのであり、これが心だすけの元となるのである。

今日まで心が活動し、現れてきたその行為の中に、心を曇《くも》らせたり汚したりしたものが「ほこり」となり「いんねん」となって、心が苦しむのである。その心の苦しみが、のちに身上の苦しみとなって再び現れるのである。心身ともに二重に苦しむのである。親神様は、「病の元は心から」「難儀するのも心から」と仰せられ、すなわち自分で病を製造し、また災難をつくった理が肉体に現れてくるのである。ゆえに「たすけせきこむ」というのが親神様の思召であり、魂を早く掃除して魂を磨かなければならぬのである。ゆえに心のたすけが第一である。

次に「身上たすけのつとめ」は肉体のおたすけであって、これは医薬によるのが普通であるが、お道は病だすけの教えでなく心だすけの教えであり、すぐには心をたすけることができかねるので、最初に身上たすけと名乗って心だすけを完全にするのである。身上にしても、肉体のたすけのみでは医薬の妨害にならんともかぎらないので、心の病気が肉体に現れたことを説明しなければならないのである。親神様より身上のお手入れを頂いた者は、身上たすけをしていく中に、おさづけのこうのうの理によってたすかる。それが信仰の動機となって、神様のお話を聞くようになるのである。いかに結構なお話でも、肉体がたすからなければ信仰につけないのである。身上たすけのつとめということを、おたすけ人はしっかり心得ておかねばならぬのである。身上をたすけるについても、おさづけを使わせていただくについても、誠真実を絞《しぼ》り、誠真実のつとめをさせていただかねばならないのである。これが、心だすけのつとめということになり、誠真実を絞り出さないおたすけは親神様のご守護がないことになる。

親神様のお言葉に、

こへやとてなにがきくとハをもうなよ　心のまことしんぢつがきく

おふでさき　四号　51

とあるごとく、真実のないおたすけは有名無実になってしまうのである。おたすけの成績の如何《いかん》によって、自分の誠がどのくらい絞られたかを悟り、それと同時に自分の悪いいんねんを切ることも実行せねばならぬ。自分のいんねんを切らずして、相手のいんねんのみを切る場合は、相手の人は喜んでくれても親神様のお喜びは十分でないことを悟らなければならぬのである。「人たすけたら我が身たすかる」と仰せられているように、相手のいんねんを切ることと、自分のいんねんを切ることが、ともに堅く強く結ばれるところに、成績すなわち親神様のごほうびが現れるのである。親神様は相手をたすけるとともに、自己のいんねんを掃除することもお待ちになっているのである。

次に「事情だすけのつとめ」である。天の順序の道をはずした行為が事情と現れてくるのである。すなわち天理を無視し、人道から脱線したという場合に現れてくるのである。

事情だすけは、だいたい人間と人間との関係、金銭と人間との関係、感情と人間との関係が主である。また、それぞれ親としての務め、子としての務め、夫の務め、妻の務め、兄弟の務め、他人に対してなど、みな本分を全《まっと》うしないため、また順序をはずしたために大きな事情が出てくるのである。特に金銭の関係については、世上で「金銭は親子も他人」といわれるごとく、いちばん関係の深い親子はもちろん、夫婦兄弟、知人同士の間も赤の他人同様となり、これが事情の根本となる場合がいくらでもある。この教理を聞かせていただけば、人間は金銭の貸借が元にあることをよく悟らなければならぬのである。

私どもも名古屋に布教以来、親戚《しんせき》、知人から一銭も金銭を借りたことはなかったし、また米や物品にしても貸借したことがなかった。あればよし、なければなしで、その時その時の神様の思召を悟らせていただいて通らせていただいたのである。衣食住の不足は心の徳の少ないことの現れであるから、自分の不徳を補うために人に無理をさせてはならぬのである。信者関係においてはなおさら、金銭上で信仰の切れる原因をつくらぬようにしなければならぬので、模範雛型《ひながた》が大切である。

次に「人情だすけのつとめ」である。人間は最初から理のたすけが本筋であるが、理の道筋を知らぬために人情だすけから始まる場合もある。学校でいえば幼稚園のごときもので、だんだん上級の学校へ進んでいくのと同じで、精神の学問である。人情だすけは一時的のものである。然《しか》れども、人情より始まり、神の道に入れるのである。その神の道に引き入れて一人前に成人させるのが、われわれの親神様へのつとめである。いつまでも人の道や人情の世の中を通らせては、その人を悪いんねんのどん底へ落ち入らせねばならぬからである。人間の心はややもすれば変化が激しく、猫の目玉のごときものであるから、早く人間を神の道へ導き、理の教えを勉強させて理の世渡りをさせてこそ、成人の道に入れたことになるのであり、このつとめを十分に責任をもってせねばならぬのである。

次に「心ぶしんのつとめ」は形のふしんの増築、改築などと同じく、人間の心のふしんをするのである。融通のきかぬ人、理の知恵の足りぬ人、ほしい心のつよき人、惜しむ心のつよき人、欲の深き人、高慢のつよき人などは、心の短所を長所に変えて人間の心を増改築するのである。肉体の遺伝、精神の遺伝というのがあるが、この精神の遺伝は、その人の前生の持ち越し性質がいんねんであることを悟らなければならぬのである。肉体の遺伝は医薬をもってある程度予防したり、取り去ることができるのであるが、精神の遺伝はそれができないのである。われわれは精神の遺伝を最も注意せねばならんのであって、昔から「無くて七くせ、あって四十八くせ」といわれるように、くせそのものが精神的遺伝であることを悟らなければならぬのである。この精神的遺伝が肉体の遺伝に変化して、ついに肉体に病気という姿で現れるのであるから、人間は心のふしんをたびたび行って精神上の増築改築、進んでは新築をしなければならぬのである。

次に「種まきのつとめ」で、これは畑にも地の畑と天の畑とあり、農家の人々と同じく天の畑、すなわち自分の心の畑に種まきをするのであって、教会へ行って心の掃除のつとめと種まきのつとめをしなければならぬのである。この種まきのつとめをせぬときは、農作物の収穫がないと同じく、年ごとに貧乏になるのである。種まきは前述のごとく、ひのきしん精神が種まきで、火、水、風の神様のご苦労に対するご恩報じの実行した理をいうのである。

次に「事務上のつとめ」は、お道において重要な問題である。すなわち、ものごとを整理統一していくのである。しかし事務上のつとめは誰《だれ》でもできることであり、たすけ一条のつとめは長年、理と経験を積まないとできないつとめであって、代わりの人ではつとめることはできないものである。ゆえに、たすけ一条のつとめが根本であり、事務上のつとめは間接たすけである。

前述のごとく、これらのつとめの全体の根本はひのきしん精神であって、親神様へのお礼奉公である。

ふうふそろうてひのきしん　これがだいゝちものだねや　十一下り目 2
よくをわすれてひのきしん　これがだいゝちこえとなる　十一下り目 4

ひとことはなしハひのきしん　にほひばかりをかけておく

と仰せられたとおり、親神様の思召はたすけ一条であることを悟らなければならぬのである。このひのきしんがめいめいの幸福となるのであって、これが陽気ぐらしという真の幸福である。お道でも世界でも、このひのきしん精神がなければ、たすかる道もなく、また人間としての手本雛型ということもできないのである。人間たるものは、よいことを先に行って雛型をつくらなければならぬのである。神の畑へ神の肥、神の種、すなわち理の肥と理の種をまかなければならぬのである。これが衣食住に十分恵まれ、幸福になる筋道である。これをたすけのもとだてと仰せられ、たすかる元であり、根であり、人間が幸福に生活する根源であることを教えていただいたのである。

　世間の勤めは働いただけの給料や手当を得るための勤めである。その勤めの中には感謝とかお礼が含まれず、そこに勤めの意味が非常に違ってくるのである。ゆえに、賃金値上げ運動やストライキというようなものが起こってくるのである。たとえば二万円の収入のある人が一万五千円しか貰《もら》えなくても、お道のひのきしん精神からいえば、一万五千円貰ってあと五千円は天におあずけするので、それが魂の徳となることを悟るのである。収穫を多くして心の徳積みを少なくした場合は、身体のほうへその分、神様のお恵みがだんだん減少して、貧乏という姿が現れてくるのである。すなわち、このひのきしん精神でお礼奉公させていただくのが、人間として無形の幸福が有形の幸福となることを悟らなければならぬのである。天より恵みが下るのでなく、自らの心の陰徳が陽徳、恵みと現れるのである。

五ッ　いつもかぐらやてをどりや
すゑではめづらしたすけする

本教においては教祖《おやさま》のお指図によって、かぐらづとめとてをどりをなされるのであるが、これは本部のみであり、国々所々の教会にはかぐらづとめはお許しはないが、理を頂いて月次祭に神慮をお慰め申して神恩に報いるのである。申し述べたとおり、お地方《じかた》と鳴物がみな一手一つになっておつとめをさせていただくが、親神様のお心をお慰め申すということは、鳴物の音でお慰め申すのでもない。太鼓を打つ者は鉦《かね》、ちゃんぽん、鼓、拍子木、笛の方々と、一手一つの心になるのである。たとえ鳴物は違っても、お地方の心と合一しなければならない。また琴、三味線、胡弓《こきゅう》の鳴物にしても、姿、鳴物は違うけれども男女の心を一手一つにする。これは心を合わせるので親神様に喜んでいただける。このつとめが神慮をお慰め申し上げることになり、珍しいたすけの元になると仰せられたのである。

また、日々親神様にご苦労いただいているかしもの・かりものの理を感謝するのである。女は女、男は男、めいめい幸福を異にしているけれども、男女は心を合わせるということが大切である。ゆえに「ぢいとてんとをかたどりて　ふうふをこしらへきたるでな　これハこのよのはじめだし」と仰せられる。何ごとでも心を合わせるということが、人間としての本分と悟らなければならない。この合わした理が身上・事情健全となるのである。

そこで、手を四つ打つということは合わせることであって、第一は教祖と人間と心を合わせる、第二は人間と人間と心を合わせる、第三は生物に対して恵みを与えることが合わせることとなり、第四は万物に対して大切にすることも心を合わせることとなるのである。この四つの合わせる心を神様に喜んでいただき、その人の方針をお供えさせていただくのである。「どうかこのとおり合わせますから喜んでいただきたい」ということが、親神様に対しての孝行の心をお約束することと思わしていただく。この精神で、この世の中を通らせていただき、世の中の雛型となるのであるから、誠の雛型を親神様はお受け取りくださるのである。

六ッ　むしやうやたらにねがひでる
うけとるすぢもせんすぢや

「むしやうやたらにねがひでる」とは、人間は困ったときの神頼みが最も多く、困らなくても神様の前に行き、お礼は後回しにして「商売繁盛にしてくれ」「身体は息災にしてくれ」といって願い出る姿である。世の中の人間は、身上かりものの理を知らないために、出鱈目《でたらめ》に願い出れば神様が聞いてくださると、それ一途《いちず》に思っている者がある。神様に願ってたすかる者もある。たすからない者もある。親神様は、この教えをつくられると同時に、信仰の方針を子供（人間）に教えられたのである。すなわち信仰の改革であることを悟らねばならない。

その改革は、

あしきをはらうてたすけたまへ　てんりわうのみこと

と教えられたのである。これはおつとめの言葉である。だいたい、この教えの根本は、魂の掃除を第一とされているのである。人間の魂にはほこりが山ほど積もり重なっているのである。昔から「命あっての物種」と申して、金品が山ほどあっても、みな出直す時には捨てていくのであるから、後に残った者に勝手に使われるのである。財産を伸ばすことは知っていても、命を延ばすことを知らない。命を延ばすには魂の掃除よりほかにない。そこで、自分の魂にあしきが積もっております、そのあしきを掃除しますからたすけていただきたいというのが、二十一遍のあしきはらいのつとめになっている。自分の魂に〝あしきのいんねん〟ほこりが積もっていることを知らなかったのである。それゆえに、むしょうやたらに願い出ても神に通じるものと通じないものがある。

　全部神に通じるには〝あしきをはらいます〟という条件をつけなければならないのである。なぜならば、「病の元は心から」「難儀するのも心から」と、自分の心の使い方で病気や難儀を製造したのを早く知らしめて、今後、製造させないようにしたいのが親神様のお心であるからである。いずれ願い出るには、困ったことが具現したからである。その身上・事情が自分の心得違いのために現れてきたのである。このほこりをこれから消します、捨てます、また心を改めます、というのが身上・事情のたすかる第一歩である。このお詫《わ》びをし、許していただきたいというのが、神様への願いとなるのである。

　世の中の人々は、お道の信仰を知らない人であるから、おたすけ人衆あるいは指導者はこの教理を十分に教えるのである。「うけとるすぢもせんすぢや」と仰せられたとおり、その人によってお願いの方針が違っていることをお知らせくださるのである。ゆえに、信仰の方針と祈願の方針とを、この理にしっかり合わせるように教えられたのである。

七ッ　なんぼしん〴〵したとても
　　　こゝろえちがひはならんぞへ
八ッ　やつぱりしん〴〵せにやならん
　　　こゝろえちがひはでなほしや

前述のごとく信心にもいろいろあるが、親神様は信心の改革を打ち出されたのである。朝夕のおつとめに、「あしきをはらうてたすけたまへ　てんりわうのみこと」とお唱えするのであるが、これは親神様に対して、ご安心していただきたい、必ず実行いたしますというお誓いも含んでいると思うのである。

人間の魂は前生持ち越しのいんねんや、今生十五歳より今日まで、知らず知らず積み重ねてきたほこりが、もとは光ある美しい魂を汚しているのであるから、ほこりを払うなり、いんねんの納消《なっしょう》をするなりして、無垢《むく》の美しき魂にさせたいのが親神様のご神意で、これが信心の改革となるのであり、すなわち魂についているあしきを払います、掃除しますから、おたすけを願いたいという、掃除と祈願とをかねた主旨を唱えるのである。それで親神様にも安心していただき、これも親孝心のうちに入るのである。われわれ教人《きょうと》・信者は、この道がいままでのありきたりの信心ではないことを早く悟らなければならぬ。

いままでの信心は、人間同士が協議した結果の倫理、道徳の教えであるが、本教は天地を開き、万物を造り、人間を創造され、天理天則をご制定くだされた親神様が、人間に物語りされたのであって、これによって天に通ずる信仰を初めて知ることができたのである。ゆえに人間の魂に付着している悪いんねん、八つのほこりのために病気となり短命ともなり災難ともなり、すなわち、すべての身上・事情の悩み苦しみは、この二つより現れてくることを明示されたのである。人間として最も恐ろしく怖いものは、この二つであることを、よく悟らなければならぬのである。

親神様は人間に陽気ぐらしをさせたいとの思召《おぼしめし》にて表に現れて（教祖の身体を貰《もら》い受け、教祖の口をもって物語りされたこと）、この世の中のありとあらゆる元の理を説き明かされ、人間の生存中の難儀不自由は、魂を掃除せぬところより発生することを分明され、魂の掃除をせねばたすかる道はないと仰せられたのである。

心さいしんぢつ神がうけとれば　どんなほこりもそふぢするなり
おふでさき　一三号　23

と仰せられてあるごとく、親神様は人間の心の掃除をお待ちかねくだされて、これが神の望みと仰せられているのである。

なさけないとのよにしやんしたとても　人をたすける心ないので
おふでさき　一二号　90

これから八月日たのみや一れつわ　心しいかりいれかゑてくれ
おふでさき　一二号　91

せかいぢうしんぢつよりもむねのうち　わかりたならば月日たのしみ
おふでさき　一〇号　59

と、親神様がたすけ一条ということを教えられて、「たすける理がたすかる」ということの実行によって、魂の掃除ができるのである。すなわち、信心の方針がたすけ一条の理に沿っていくところに、たすかる道があるのである。

九ッ　こゝまでしん〳〵してからハ
ひとつのかうをもみにやならぬ

初席を運び、中席から満席を運び、おさづけの理を頂戴《ちょうだい》し信心したのであるから、このうえは親神様に一つの効能（親孝行）を見ていただかねばならぬという意味である。

昔から、人は死しても名を残す、虎《とら》は死しても皮を残すといわれるごとく、人間は平凡に命を失うということは、つまり、せっかく万物の長として人間に生まれながら、この世の中に効能功績を残さないで出直すということは、勿体《もったい》ないことである。それで親神様が人間に効能を残させたいために、たすけ一条の道をおつけくださったのである。そこで、教人になって人をたすける資格を与えられ、その資格を持った人は、自分の思うとおりの効能を残すことができるのである。人間は親神様の子供であるから十分なる効能を残しておけと、お慈悲の言葉を下さったことになる。朝から晩まで我が子、我が身、我が家のために働くのは効能とはいわれないのである。親神様の仰せられた効能とは、親神様のおつくりくださった「人心救済」の道へ、親神様の手足となり、よふぼくとなり、名代となって努力させていただくことが最大の効能（功績）となるのである。すなわち、これが世のため、人のため、親神様への親孝行となるのである。

十ド　このたびみえました
　　あふぎのうかゞひこれふしぎ

おつとめではつとめさせていただいているが、「扇の伺《うかがい》」は神様がご中止になったのである。

七下り目

一ッ　ひとことはなしハひのきしん
にほひばかりをかけておく

親神様は、この話をひと言でも多くの人間に伝えて、たすけてやりたいと思召《おぼしめ》されている。ゆえに、ひと言でも親神様のお話を取り次ぐことが、ひのきしん、すなわちお礼奉公になるのである。「にほひ」をかけるというのは、親神様を知らしめるようお手引きすることである。

元来、神様には口もなく声もないために、われわれよふぼくを神の名代《みょうだい》として手引きをさせられるのである。この道はたすけるほうもたすかるほうも、ともにたすかる教えである。たすけるほうは神様のご用をさせていただき、徳を積ませていただく。たすかるほうはまた、他人をお手引きして自分がたすかるのである。にをいがけにしてもおたすけにしても、導いた相手の身上・事情は、導くほうにもあるのだということを教えていただくのである。相手の病気を見て、自分にその病気の出ぬように、早く食い止めていただく理である。重患をお手引きさせていただいた場合には、たすけるほうが前もって、自分の心を掃除させていただくのである。

元来、この教えは長命が根本であって、長命と幸福をつくるためには常に魂の掃除をせねばならぬのである。これを心の掃除といい、人間は創造以来、この掃除の指導を教えられなかったのである。いよいよ人間の魂が汚れ、汚れぬいてきたために、ついには短命とならなければならぬようになってきたのを、親神様のお心から、旬刻限の到来により、われわれ人間に対して掃除をしなければならぬことを、この教えをもって説かれたのである。

われわれ人間は、この教えを実行して初めて完全な人間（健康、長命、五尺前後の身体《からだ》）となり、親神様の陽気ぐらしのご理想に達することができるのである。

それにはまず、自分の悪性質を見いださなければならない。この悪性質が病気・災難となって現れてくるのである。昔から「無くて七くせ」というくらいで、多い人は四十八くせもあるといわれるほど悪性質があるので、これが毎日現れて、病気・災難の元を製造していることを悟らなければならぬのである。

二ッ　ふかいこゝろがあるなれバ　たれもとめるでないほどに

「ふかいこころ」という言葉から、親神様は、火、水、風の神様で、人間の身体をお造りくだされた神様であることを聞かせていただき、いままで人間を生んでくれた親はあるが、身体を造られた親神様は初めて聞かせていただいたのであって、これより上の神様はほかにないということを悟らせていただくのである。また、この教えは天地を開き、人間を造られた親神様の全智全能の教えであって、これによって、この世の中を明るく通ることができるのであり、こうしたことが分かりかけて確信を持つようになってくることを「ふかいこゝろがあるなれバ」と仰せられたのであると悟らせていただくのである。

このように迷信でなく、確信して熱心に信仰を始めた場合には、親でも兄弟でも親戚《しんせき》でも、他人に至るまで、このように進んでくる信仰者を止めるとか、邪魔をするとか、見下げるとか、攻撃するようなことは気をつけるべきである。元来、信仰は自由であって、誰《だれ》でもその自由を束縛《そくばく》するのは法律に触れることにもなり、道徳からいっても道義に反して邪魔をするということになる。よく世間の人々の中には、天理教の信仰をすると笑ったり、そしったり、家名を汚すとかいって邪魔をしたり、村八分にしたり、親戚関係を絶交したり、もし零落《れいらく》した場合には家に寄せつけないとおどしたりする人があるが、この言葉は、こんなことをして信仰を絶対に妨害してはならないという意味のお言葉と悟らせていただくのである。

三ッ　みなせかいのこゝろにハ
　　　でんぢのいらぬものハない

元来、人間の心にはよくのないものはない。また、よくでも、田地や家屋を所有したいというのは、みな人間生活に必要があるからである。また昔から、衣食住の三つは人間としての第一の欲望であって、人間が毎日身体を使って活動するのは、衣食住の希望、よくを満たしたいためである。世の中には自分の思うとおりできてくる人もあれば、できぬ人もある。このできる、できないは、陰徳一条にあるのである。いくら欲望が充満してあせっても、陰徳のない者は収穫することはできないのである。

四ッ　よきぢがあらバ一れつに
たれもほしいであらうがな

「よきぢ」というのは田地のよきでなく、また物質のよきでもない。土地にしても、赤土、黒土、砂土、砂利土などがあるが、その中で一番よく作物が収穫できる土地を選択しなければならぬ。

親神様のお言葉によれば、陽気ぐらしが思召《おぼしめし》である。陽気ぐらしとは、一つは身上壮健であり、また長命でなければならぬ。また、たとえ壮健にして長命であっても、物質に困るのでは陽気ぐらしでなく、物質に十分恵まれても短命では困る。この長命と物質の恵みの二つがなければならない。

このたすかる陽気ぐらしの田地というのは、「やしきハかみのでんぢやで」と仰せられるごとく、神の田地ならば長命もできるし、また物質のお恵みも十分に頂くことができる。これならば誰でもほしいであろうと仰せられるのである。

五ッ　いづれのかたもおなしこと
わしもあのぢをもとめたい

「いづれのかた」とは、日本人はもちろん外国人もすべての人々をいう。まかぬ種ははえぬ、と昔からいうとおり、親神様は、人間の行ったものがすべて種まきともなると教えられたのである。前述のごとく、親神様の田地があって、この田地からめいめいの心の田地へ、ところがえして移してくだされるのである。

昔から善に善報、悪に悪報といわれるごとく、人間の行為がそのままその人の所有物となる。善を行えば善の所有となり、悪を行えば悪を所有することになり、それがめいめいの境遇に現れてくるのである。親神様は、

なんぎするのもこゝろから　わがみうらみであるほどに　　十下り目　7

と仰せられたのである。この教理を十分に会得すれば、神の田地、心の種まきが分かり、難儀不自由をつくらないことになり、安心立命《あんじんりゅうめい》、陽気ぐらしとなるのである。ここが、お道の角目《かどめ》であることを、よく知っておかねばならぬのである。

六ッ　むりにどうせといはんでな
　　　そこはめい〳〵のむねしだい

何ごとも無理というのは、理が無いとある。理とは筋道である。天の道理である。親神様は人間に対して、度の過ぎた命令的なことはおっしゃらない。人間めいめいの悟り次第、心次第であり、いいと思えば実行するよりほかに道がないのである。この世の中は親神様がお造りくだされたのであり、人間万物すべて天の理によって造られたのである。すなわち理の世界、理の道理の教えであるから、いままでは知らぬが無理ではないが、このたび教祖《おやさま》の口を通してお説き示しくだされたのであることを思案して、人間は踏み損い《そこな》のないよう、心得違いのないように、筋道をよく承知して実行しなければならぬ。

七ッ　なんでもでんぢがほしいから
　　　あたへハなにほどいるとても

この世の中には理の田地があることを知らなければならぬ。この田地が分かれば理の種、理のこやしも分かる。この三つがそろって人間が出世する筋道が分かるのである。しかし世の中には、田地も知らず、種も知らず、こやしも知らず、筋道も知らずして、努力一方で出世のために自分の生命を失うことがある。また、子孫が断絶することもある。それらを知らず、この世の中は金銭が出世の元であると考え、倹約方面から貯蓄し、努力方面から貯蓄し、貯蓄さえできれば、いつもにこにこで安心ができると思って実行している人がある。その人が田地と種と肥の三つを知って実行するならば、人間の肉体はじめ生命も、また物質も長続きするのであり、親神様のご理想どおり陽気ぐらしができるのである。

そこで、世界の人々の世渡りからその境遇をみると、財産はできても、相続人を早死にさせることもあるし、物質で不自由する人もある。これらを考えると、天の道理を知らずして、単に物質的のみで出世すると考えている人が多いのである。ゆえに親神様は、田地を知らぬ者は早く田地を持たねばならぬと仰せられたのである。田地を持てば種も必要であるし、また肥料の必要も出てくる。早く田地を持たしたいのが親神様の思召《おぼしめし》である。

田地といっても、天の田地、地の田地、心の田地、神の田地と、四通りあることを知らなければならない。地の田地は農家が耕している田地で、それから収穫を得て衣食住を全《まっと》うしている。いままでは田地といえば、地の田地よりほかに知らなかったのである。天の田地というのは、魂につけてある田地をいう。魂につけてある田地に親神様が種をまいてくだされて、人間が赤子に生まれると同時に、その身体に入り込むのである。これが心となるのである。すなわち天の田地が心の恵みとなって、衣食住に変化してくるのである。そのおかげで、人間は生活できるのである。

それを知らずして、運は天から降ってくると考えている人があるが、天から降ってくるのではない。自分の心から恵みとなって現れてくるのである。しかしこの恵みは、生活している中に一日増しに心の財産が減って削られていくのである。恵みが尽きてしまえば、心の不景気となり、貧弱となる。さらに心が貧乏してきて、その貧乏の姿が肉体に現れてくるのである。

自分の心が田地であることを悟れさえすれば、自分の心の田地によき種をまかねばならない。種をまかぬために貧弱となり、貧乏となるのである。

次に神の田地とおっしゃるのは、人間として最上の田地である。親神様は人間一人一人にこの田地を与えておくと仰せられている。この田地を頂戴《ちょうだい》して種まきを実行したならば、難儀不自由はないことになる。いままでのお道の信者の中にでも、神の田地を知って種まきを知らぬために不平不満が現れ、〝神様は欲が深い〟とか、〝天理教は物をとりあげる〟などと親神様の思召と反対に悟ってきたために、親不幸者が出たり、夫婦の離別が始まったり、心の悩み、身体の苦しみと双方で苦しめられ、ついに神の田地を放り出すようになり、老後の末路憐《あわれ》むべしという結果になる者がある。ついに一切難儀、不自由で暮らさなければならぬようになるのである。両親が神の田地を知って、善種をまいておけば、善種の芽が出て陽気ぐらしとなり、また子孫にその知恵を教えておけば、子供や孫が実行して、さらに陽気ぐらしとなるのである。

世の中には種まきはたくさんある。すなわち公益事業、慈善事業、感化事業などであるが、神の田地という立派な田地を知らぬために、種まきした割合に陽気ぐらしという立派な芽が十分に出ていないことがある。これを解決する教えがなかったのである。

これは、ひと言で申せば、高いところと低いところである。高いところとは、天地を開き、万物を造り、さらに人間の身体に入り込んで、ぬくみ、水気《すいき》となり、つく息ひく息となってご守護を下されている神恩天恩をいうのであって、この恩に対して感謝の精神で種まきをさせていただかねばならぬ。この神様のお働きに対しては何らの感謝の精神なく、ただ慈善事業やほどこし等の、ひくいところに恵みなり情をかけておけばそれで至れり尽くせりと考え、ついにそれが恩に着せる精神となり、さらに知らず知らずうぬぼれとなり、高慢となって、気位の高い人が現れてくるように思われる。その種まきやほどこしをするのでも、その物質は自分の努力で出来上がったものと考えているが、身上は神のかしものであり、身体のぬくみ、水気、つく息ひく息となって、親神様が働いてくだされぱこそ、ほどこしをすることができるのであり、それを知らずして、私の身体で、私が働いて、私が金をもうけて人にほどこすと考えるのは、人間が神様のご恩を横取りしてほどこしたことになるのであって、善いことには相違ないが、ぬくみ、水気の親神様の働きを知らないために高慢となり、気位が高くなって、ついには難儀することが湧《わ》いてくるのである。

同じ恩でも、人間の恩と天の恩と神の恩がある。これを知らぬために天借となることがいくらでもある。火、水、風は自然物ではない。肉眼で見ることはできないが、心眼で親神様であることを悟ることができる。これを大恩という。人間はこの大恩を知らぬために、心の悩み、肉体の悩みが現れてくることがある。

これをもって親神様は「あたへハなにほどいるとても」と仰せられたのである。

八ッ　やしきハかみのでんぢやで　まいたるたねハみなはへる

「やしき」というのは親神様がお住まいくださるやかた、または教会のことをいうのである。そこで親神様の田地というのである。これは人間の田地でなく、親神様一人がお使いになる田地である。同じ田地でも、人間がまく田地と親神様のおまきになる田地とあるので、その区別をはっきり教えていただいたのである。

前述のごとく、人間の畑は心であって、種は人間が製造して、親神様がまいてくださるのである。天の畑は、魂が天に昇っている間、親神様がおまきくださるのである。地の畑は、親神様が種をおこしらえくだされて人間がまくのである。こういう事柄を知らなければ、天地間を暗闇《くらやみ》で通っているようなものである。

いずれにしても、まいた種は野菜物でも善悪とも生えてくるのである。親神様がおまきくだされたものも、人間がまいたものも、みな生えるので、神様がおまきくだされる種は天の恵みと人間の善悪の行為である。人間は種を知らず、畑を知らず、衣食住を全うすればよいと思っているが、食物にしても地の田地から生えてくるのである。衣住にしても人間の行為が金銭となり、金銭が衣住となるのである。ゆえに親神様が人間の行為を、種としておまきくださされることを早く悟らなければならない。

九ッ　こゝハこのよのでんぢなら
　　　わしもしつかりたねをまこ

「こゝ」というのは神様のおやしきであり、神の田地である。この神のやしきの田地は、地の田地にたとえて申すならば、苗代《なわしろ》と同じようなものである。米やナス、キュウリなどは、みな苗代に種をまいて、それから田畑に植えかえるのである。これを「ところかへるばかりやで」とおっしゃったのである。苗代はよく耕され、また十分肥料も置いてあるので、苗も勢いよく、また田畑に植えかえてもよく育ち、みのりも早いのである。

また、この神の田地は人間の心の植えかえ場所であって、ここもこの世の田地となるのである。この心の畑が人間の本当の畑である。この心の畑から芽が出て成長し、花が咲き、実が結び、それが天の恵みとなるのである。自分の行いによって善悪ともに幸不幸が現れてくることがはっきり悟れた人が「わしもしつかりたねをまこ」ということになる。少しも疑いなく、「種は正直」ということを聞かしていただいて、ナスの種はナス、キュウリの種はキュウリと同じように、人間の行為が種となって幸福ともなり不幸にもなり、また長命とも短命ともなるのである。

人間は肉体や物質を大切にしている。もちろん、これらのものが大切であることはいうまでもないが、これ以上大切なものを知らない人がいくらでもある。大切なものとは心の持ち方、心の使い方である。これが分かったならば、人間は物質をあてにせず、他人をあてにすることが少なくなってくる。すなわち依頼心が少なくなってくるのである。

種でも、大恩の種をまくのが一番よい種である。大恩とは火の神、水の神、風の神のお働きをいうのである。よい種ほど幸福となり、身上壮健となり長命となるのである。「しつかり」というのは、大恩を返す種をまくのに、手加減をしたり匙《さじ》加減をしたり、惜しみをつけたりせぬことである。減らせば減らしただけ芽のはえ方が少なく、幸福を減らしているようなものである。親神様から与えられる幸福をお断りしているようなものである。この筋道を知らず、何ほど上手に世渡りをしても、失敗をして行き詰まる日が来るのである。

十ド　このたびいちれつに
ようこそたねをまきにきた
たねをまいたるそのかたハ
こえをおかずにつくりとり

「このたび」とは天保《てんぽう》九年十月二十六日をいうのである。

「いちれつに」とは、天が下の人間に対するお言葉であり、親神の子供である人間全般をいう。

「ようこそ」というのは、親神様が人間の種まきを褒《ほ》めてくだされたのである。

「たねをまきにきた」というのは、神のやかた（神殿）の半分が神の田地、すなわち、たすかり場所であり、半分は人間の心の磨き場所、心の掃除場所、すなわちたすけ場所である。その半分の神の田地に、ようこそ種をまきに来たと仰せられたのである。人間から申せば、大恩をお返しに来ましたというのであるが、親神様は、大恩を返すしるしを種というのだと仰せられたのである。人間からは大恩を果たしに来たのであると申し上げたくなるが、種は人間がこしらえて、まいてくだされるのは親神様がご自分の田地へおまきくだされるのである。

「たねをまいたるそのかたハ　こえをおかずにつくりとり」とは、神のおやしきには肥料はいらないと仰せられたのである。肥料がいるのは人間の心の畑と、地の畑と、天の畑である。いらないのは神の畑だけである。

前述のとおり、神の田地は苗代であり、植えかえるときは、

やしきのつちをほりとりて　ところかへるばかりやで　十一下り目　8

と仰せられるごとく、人間の心の畑に植えかえてくださるのである。人間の肉体の胸をさいて、人間が種をまくことはできない。親神様が人間の肉体に入り込んでくだされておられるからこそ、肉体に傷をつけないで心に植えかえてくだされるのである。すなわち、ところをかえてくだされるのである。その心の畑から幸福や不幸が現れてくるのである。人間の善悪は自分の行為以外には現れてこないのである。行為が種であるということを早く悟らなければならない。

お道の者は、神の田地が与えられているのである。この神の田地を早く知って種をまいた人が幸福となり、これを金取主義であるとか、財産蕩尽《とうじん》であるとか思っていたのは、考

えが足りぬのである。親神様のお話によって、幸不幸は心一つ、種まき一つにあることが悟れたならば、人間は幸福となる道を与えられたのであり、これを早く悟って実行しなければならない。

八下り目

一ッ　ひろいせかいやくになかに
いしもたちきもないかいな

「ひろいせかい」とは世界中の各国。「くになか」とは日本の国をいう。「いし」とは女のよふぼく、「たちき」とは男のよふぼくである。「ないかいな」とは、あるはずであるとおっしゃるのである。

普通の建築をするのには土台石や柱がなければできないと同様に、神様が人間の心のふしんをするについては、親神の名代《みょうだい》となる男女がよふぼくとなって、そのご用をつとめるのである。親神様に対して親孝行させていただきたいとか、よふぼくにならせていただきたいという者は、いつでも親神様はお待ちかねになっておいでになるのである。

二ッ　ふしぎなふしんをするなれど
たれにたのみハかけんでな

「ふしぎなふしん」というのは、いままでにないふしんであり、親神様は心のふしんを仰せられたのである。この世の中は人間が創造されてから九億九万九千九百九十九年の長い歳月が経《た》っているために、心のふしん、心の入れ替えがなされねばならぬ時機が到来したので、親神様は心のふしんをお急《せ》き込みなされているのである。

親神様は、人間の心は古家のごとくであると仰せられ、倒れかかっているものもあるし、また、いままさに倒れようとしているものもあるのである。もし地震や嵐《あらし》がやって来たならば、ひとたまりもなく倒れてしまう状態である。そこで、心のふしんが始まったのである。人間としては一人残らず心の入れ替えをするか、心の改良または修繕《しゅうぜん》をするか、いずれ二つであると悟らせていただくのである。親神様は、この重大な心のふしんをするに当たり、誰《だれ》にたのみはかけんと仰せられたのである。ふしんをするにはとうりょうもいるし、だいくもいるし、それを監督する真柱もいるのである。

とうりょう、だいくなど、心のふしんに使われるたすけ人はみな、よふぼくである。信者がよふぼくとなり、よふぼくが教人《きょうと》となり、教人が教会長となって、これらの人々が一手一つになって陽気ぐらし世界建設に邁進《まいしん》しなければならぬ。

三ッ　みなだん〳〵とせかいから
よりきたことならでけてくる

親神様は、とうりょう、だいく、たすけ人、すなわち石や立木《たちき》のよふぼくの精神づくりをしておいたならば、だんだんと寄り集まって、親神様のご理想どおり心のふしんができてくるようになると仰せられたのである。心のふしんができたならば、親神様は人間の寿命を百十五歳としたいと思召《おぼしめ》されている。あとは、めいめいの心次第であると仰せられたのである。何と申しても「命あっての物種」ということはいうまでもなく、この筋道を知らず、我が身思案や八つのほこりを積み重ねているようでは、だんだん短命となるばかりである。それでは親神様のご理想どおりの陽気ぐらしにならぬからである。長命にするために親神様が心のふしんをなされるのである。世界でも、小さくいえば日本の国内でも、この思召《おぼしめし》を悟って心の掃除、心の入れ替え、さらに心のふしんをするのである。すなわち心の建て直しである。

親神様のいちばんお待ちかねになられているのは、かんろだい建設である。心の掃除、心のふしんが出来上がると同時に寿命薬を頂いて、完全に百十五歳の寿命をお与えいただき、親神様にも喜んでいただき、人間も喜ぶのである。一日も早くかんろだい建設の域に達しなければならぬ。

この働きが親神様の心に通じるのである。その働きが魂の功績となり、この功績に対する親神様のごほうびが長命となり、物質のお恵みが無尽蔵となり、生涯末代、子孫代々、陽気ぐらしをさせていただくことができるのである。われわれお道の信者、よふぼく、教人、教会長は、この思召に沿いきり、献身的な仕事をさせていただいて、何万年の間、親神様を知らずに通ったお詫《わ》びと、親神様にご苦労をおかけしたことへのお礼の二つをもって、ひのきしんの実行をさせていただき、親神様にお報いさせていただくのが最上の親孝行となると悟らせていただくのである。

四ッ　よくのこゝろをうちわすれ
とくとこゝろをさだめかけ

前述のごとく、陽気ぐらしの筋道となるお詫びとお礼のひのきしんを実行せずして、「よく」と「こうまん」の二つで親神様にご苦労をかけ続け、人間同士では、強情と薄情で通っていては、心のふしんはできないのである。ゆえに親神様は「よくのこゝろをうちわすれ」と仰せられたのである。「よく」というにも、いろいろある。物質欲、精神欲、これを打ち明けていえば、恩に着せるのも、自慢するのも、我《が》を出すのも、力の入れ場所を知らず、我が身のために勝手に力を入れるのも「よく」というのである。

親神様は「よくを忘れろ」とおっしゃるのである。人間の心には長い間に「よく」と「こうまん」がこびりつき、「よく」と「こうまん」で出来上がっているように見えるものもあるが、この「よく」と「こうまん」がとれたならば、このお道を通るのも実にやさしいもので、決して難しくもなければ窮屈なものでもない。親神様は欲の少ない者ほど余計に働いてやると仰せられたのである。人間は欲ばりすぎると、後には失敗が多い。欲の少ない者には失敗は少ない。ゆえに親神様は、とくと心を定めかけとおっしゃるのである。「とくと」というのは、深いところまで考えて、一つの目標を変えないように貫徹することである。

親神様のお言葉に「心定めが第一」と仰せられるごとく、何ごとにも方針がなければならない。親神様は方針のことを「こころさだめ」と仰せられたのである。ゆえに、しっかり方針を立てて、あやまらないよう、方針にそむかないようにせねばならぬのである。

五ッ　いつまでみあわせゐたるとも　うちからするのやないほどに

「いつまで」というのは、一年先か十年先か五十年先か分からないことをいう。「みあわせゐたるとも」というのは、自分一人で考えていても、あっちを歩きこっちを歩いてみたところが、また人間の知恵を絞《しぼ》ってみたところが、また実行もせず考えてみたところが、この信仰のことについては、いい結果は生まれてこないことをいう。

「うちからするのやないほどに」は、成ってくるのが天の理である。この世の中は自分の思いどおりになるものではない。親神様のお心に沿うて通らせていただきます、という心でなければならない。

六ッ　むしやうやたらにせきこむな
むねのうちよりしあんせよ

「むしやうやたらにせきこむな」については、人間の性質は、とかく熱しやすく冷めやすいものであり、これが人間の短所である。一時は急いでものごとに熱中するが、すぐ飽きがきて止めるのは堅実な世渡りではない。細く、長く、あせらず、飽かず、遅れず進むのが堅実な人生の歩み方である。しかし一方、善は急げとも申し、心で十分思案して後悔のないように何ごとも早くやり、仕事にあせらず、欲にとらわれず、完成すべきである。別して信仰はなおさらである。親神様は「むねのうちよりしあんせよ」と仰せられて、方針なり決心がなければいけないとお戒めくだされている。

七ッ　なにかこゝろがすんだなら　はやくふしんにとりかゝれ

「なにかこゝろがすんだなら」というのは、心のにごりを静めるのが「すむ」ということになる。たとえて申せば、灰と水とをまぜても、静めておけば必ず澄んでくるが、棒でかきまわしたならば必ずまた濁《にご》ってくる。濁れば見分けることができない。静まって澄んでくると、細かいごみやほこりもよく見えてくる。

心もそれと同じであって、ほしい、をしい、かわい、にくい、うらみ、はらだち、よく、こうまんの八つのほこりを、つよく、はげしく使った場合には、必ず心が濁って善悪もしばしば分からなくなってくる。雲や煙におおわれているのと同様、先が見えぬのである。先が見えぬから心が怪我《けが》をする。身体《からだ》が怪我をする。また心が墜落《ついらく》するから身体も墜落するようなものである。心が濁って常識がなくなると、時には人を誤って殺さねばならぬような立場になる。これはみな、心が非常に濁った結果であると悟らなければならない。

人間の心は落ち着くということがいちばん大切である。お産にしても、足から出るお産、手から出るお産、尻から出るお産（これを、えびざんという）もあるが、落ち着きがみな不十分であるからである。心が濁るのはご承知のとおり、心が急《せ》くと落ち着かぬことになる。また、欲が深く勝ち気であると、落ち着くことはできない。人間の落ち着きは人格にも関係するのである。わけて青年時代は大きな理想欲、希望欲を持っているために落ち着かぬこともある。お道の筋合いを悟らせていただくならば、心を落ち着かせること、すなわちほこりを払っていけば心は澄むようになる。この実行が、お道ではいちばん大切なことである。

心のほこりを掃除して、心が落ち着いて静まり澄んだならば、親神様は「はやくふしんにとりかゝれ」と仰せられるのである。ふしんとは建物のふしんでなく心のふしんである。

そこで、まず八つのほこりを払い、心の地ならしをして、心のふしんにとりかからなければならない。形の建築にしても、地ならしをしなければ家は建たない。心の建築も同じことで、心を澄ますことは心ならしをすることである。心の地ならしができたならば、はやくふしんにとりかかれと仰せられている。

お互いに人間は、心の掃除をせぬために、心が古くなって古家のようになっているのである。したがって、あちらが半倒れ、こちらが壊れているために、しっかり心の掃除をして、きれいに地ならしをしてからふしんにとりかからなければならない。この心のふしんを完成して百十五歳を定命《じょうみょう》とする陽気ぐらしの道を通らせたいのが親神様の思召である。この心のふしんをせねば短命に終わってしまうのであって、親神様の思召の陽気ぐらしとはならないのである。

八ッ　やまのなかへといりこんで
いしもたちきもみておいた

「やまのなか」というのは樹木の茂っている山林ということではなく、天理教信者のいない町村、教会のない町村をいうのである。「いりこんで」というのは、親神様の視察であることを悟らなければならない。前のお歌に引き続いて、ふしんをするには、石、材木などがいる。「いし」というのは女のよふぼく・たすけ人、「たちき」というのは男のよふぼく・たすけ人をいうのである。

　親神様は人間を百十五歳の長命にたすけたいために「心のふしん」を打ち出されたのである。この心の大ふしんが始まるのであるが、親神様にはお口がないために、人間をよふぼくとして使い、すなわちたすけ一条の道を通らせてふしんをなされるのである。親神様は、すでにこの世界だすけに使うよふぼくをお決めになっておられる。そのよふぼくがだんだん役に立つようになると、引き上げてお使いになるのである。

九ッ　このききらうかあのいしと　おもへどかみのむねしだい

親神様の思召にかなった男のたすけ人や女のたすけ人があるから、引き上げてよふぼくに使いたいと仰せられるのである。役に立つ道のよふぼく、道具があるのを、親神様が見届けて、思召どおりにお使いくだされるのである。なりたいと思ってもなれない、嫌《いや》だというてもやめられないのであるが、元の神である火、水、風の親神様に使っていただくというのは、これほど幸福で、ありがたいことはないのである。

そこでお言葉に、

むりにどうせといはんでな　そこはめい〳〵のむねしだい　七下り目　6
むりにとめるやないほどに　こゝろあるならたれなりと　十一下り目　6

と仰せくださるように、何ごとも自発的でなければならない。自分の心から出発したのを自発的というのである。頼まれたり、後から押されて出る人もあるが、先が分からぬために考えている人がいくらもある。

古諺《こげん》に「至誠《しせい》天に通ず」というのがあるが、何ごとも自分の心を絞ったものを親神様に差し上げるのが、至誠天に通ずということになる。

親神様は真実の神である。親神様があって人間があるのである。何ごとも神様、人間、物質という順序になるのである。

お道のおたすけ人は、この順序を知らなければならない。順序一つが天の理と仰せられている。順序を知らなければ、事情を知らず知らずつくっているようなものである。

人間同士は信用を持つことは非常に大切で、いうまでもないが、親神様に信用を得ることがいちばん大切であることを知らなければならない。親神様はどんなに明るい、暗い、きれいな、きたない所でも、すべて見抜き見通しておられるのであって、この親神様の信用を第一と考えなければならない。

十ド　このたびいちれつに
すみきりましたがむねのうち

親神様のお話を聞かせてもらって心が澄みきれば澄みきるほど、心が陽気になり勇んでくるのである。心が澄みきったとは、欲の心が澄みきり、大欲が無欲になり、欲と強情が生命を落とす元となることが分かって、心が陽気に勇んできたことと悟らせていただくのである。

九下り目

一ッ　ひろいせかいをうちまわり
　　一せん二せんでたすけゆく

日本のみならず、外国までも「なむてんりわうのみこと」と唱えて回ることを「ひろいせかいをうちまわり」と悟らせていただくのである。「一せん二せんでたすけゆく」とは、一銭、二銭という解釈もあるが、一洗い、二洗いで心をたすけゆくこととも考えられる。「洗い」というのは心の掃除のことをいう。身上や事情で悩んでおる者を、親神様のお話とおさづけで精神と肉体をたすけていくのである。精神をたすけるので、肉体が初めて親神様のお働きを頂いてご守護を頂くのである。

いままで人間は、魂の掃除をしたことはないのである。この掃除ができぬために、前生前生の持ち越しの悪《あ》しき心遣いがほこり、いんねんとなり、このほこりやいんねんで人間は苦しむのである。昔から「玉磨かざれば光なし」というごとく、心も光がなくなってくるのである。

何ごとにても、掃除ということは大切なことである。家にしても、室内でも外周りでも掃除をせずにおいたならば、室内にも外にも虫がわいて、住まうことができぬ日が来るのである。人間でも心掃除ができねば、汚れるのみならず虫がわくのであって、それがために短命に終わる人がいくらもある。

「獅子身中《しししんちゅう》の虫」というて、百獣の王といわれる獅子でも、腹の中にわく小さな虫のために、生命をとられてしまうのである。人間でも虫がわいたり菌がわいたために、肉眼で見えぬ小さな虫のために一命を落としてしまうのである。

人間は、虫や菌がわいて病気になってから医者にかかるのである。医学では、その虫や菌を殺すことを研究しているのである。親神様は、この虫や菌を製造しないよう、わかさぬように精神的方面より心の持ち方を教えてくだされるのである。病気になってからは医者・薬が必要であるが、人間は心一つによって虫や菌がわかぬようになるのである。

親神様は薬をこしらえ、医学を発達させてくだされて、肉体の苦しみを取ってくだされるのである。これが肉体の治療である。しかし、肉体の治療のみでは親神様の思召《おぼしめし》が徹底しないので、そこで精神的方面の治療知識をお教えくだされたのである。人間は肉体も精神も、双方ともにその治療方法を知っておらねばならない。それを知らずして、人間心で判断すれば、神様で病気が治るならば医者・薬もいらないと一直線にいう者があるが、もし薬がない場合、または効かない場合は、親神様の教えによって精神を治療するよりほかに道がないのである。すなわち、親神様は精神を治療する方法をお教えくだされたのである。それゆえに、心の掃除は大切なことである。さらにまた、一掃除、二掃除、すなわち一洗い、二洗いして洗っていくことは、寿命を延ばす理ともなる。

　人間には寿命というものがついているのである。親神様が心の入れ物、住まい家として人間の心に肉体をお貸し与えくだされているのである。「かしもの・かりもの」と聞かせていただけば、かりものには期限がついているし、また与えがついていることを悟らなければならない。その期限や与えを知らぬために、病気になって生命を落としたり、災難によって生命を落としてしまったり、また財産を下り坂にする人もいくらでもある。すべて病の元は心から、難儀するのも心から、幸せも心からつくっていくのである。

　心の持ち方一つによって悪を防ぐので、これを本教ではつとめ一条、たすけ一条というのである。このたすけ一条をさせていただくので、寿命が延びてゆく。寿命が延びるので、病気も快方に向かうのである。寿命が迫ってくればくるほど、病気は重くなっていくのである。

人間の死ぬことを、かりものの理からいえば、身上をお返しするというのである。身上を貸していただく期限が切れたと悟らなければならない。身上が迫って医者・薬に見放されて、苦しみ、煩悶《はんもん》している人もある。この人たちはこれを、身上を貸していただく期限の迫ってきた証拠と悟らなければならない。そういう人たちは、寿命を延ばすことにおいて魂の掃除が必要であることになる。これがたすけ一条である。これを悟らせていただければ、かりものの期限の来たことや、魂の掃除を教えないのは同情に堪《た》えないので、我が身を忘れても、寿命を延ばしてあげたいと誠真実を尽くしておたすけをさせていただくので、神の名代《みょうだい》ということができるのである。

物質救済はともかく、親神様は「やむほどつらいことハない」と仰せられているが、「貧乏ほどつらいことはない」とは仰せられていない。貧乏は、肉体さえ丈夫なら回復はできるが、病気の回復は、もし医者・薬の手放しにあったら、もうそれまでである。親神様のお話は、心に薬を与えるようなものである。

世の中の人々が朝から晩まで真っ黒になって働いているのは、もし病気・災難にあった場合は困るから、「転ばぬ先の杖《つえ》」という考えから貯蓄したり用意しているのであるが、軽い病気はともかく、手当ての方法がなく医者が首をかしげるような重患になった場合には、精神の治療からいけば間違いないのである。肉体にしても精神にしても、手遅れにならぬようにせねばならない。

そこで、お道にすすんでこられる方々は、おぢばにおいて九度の別席を頂いて、満席となればおさづけの理を頂戴《ちょうだい》するのである。さらにまた修養科に入り、講習を受けて天理教教人《きょうと》の資格をもって、世界中おたすけに打ち回らなければならないのである。

二ッ　ふじゆうなきやうにしてやらう
かみのこゝろにもたれつけ

人間としての不自由は、物質の不自由、身上の不自由、心の不自由とある。この不自由をとってやろうというのが神の教えである。人間は自分の考えだけで押し通す人もあるが、親神様のお心に沿っていかなければ、この不自由は解決できないのである。人間は、身上は一代限りであるが心は末代である。末代まで何度生まれかわっても、心は死ぬものではない。人間は死すると身体《からだ》が冷たくなるので、心もともに死んだように考えている者もあるが、心は決して死ぬものではない。人間の心は月日・親神様より頂戴したものであるから、親神様が在《おわ》しますかぎり、決して滅してなくなるものではない。

人間はほこりのついた心を使って、自分で不自由をつくったのである。この不自由はなかなかなくすることはできない。ゆえに「かみのこゝろにもたれつけ」と仰せられるのである。神の心とは月日・親神様であって、人間の身体にはぬくみ、水気《すいき》、また、つく息ひく息といって、入り込んでご守護くだされているのである。ぬくみというのは日様のお力が入っている。また水気というのは、月様のお力が入り込んでくだされているのである。つく息は月様、ひく息は日様のお力である。これによって人間は呼吸ができるのである。この呼吸が心臓を動かし、心臓が動くから五臓六腑《ごぞうろっぷ》が動くのである。医学では心臓が呼吸をさせているように聞いているが、これはめいめいの悟り方であって、神の心から悟っていくと、呼吸ができるので心臓が動き、したがって五臓六腑が動くのである。

科学には神というものはない。神を入れたならば科学でなくなるのである。よって自然科学というのである。自然が神のお働きである。したがって「私は親神様のお世話にならぬ」という人はいくらもあるが、月日・親神様がお入り込みくだされればこそ、ぬくみ、水気があり、呼吸ができるのである。生まれるときも、親神様が母親のお腹《なか》を使ってお造りくだされたのである。産んでくれたのは母親であるが、人体をおこしらえくだされたのは親神様である。親神様のお世話にならぬという教え方は、人の道の教えであり、親神様の存在を認め、お働きを知って、その思召に沿わせていただくのが神の道、理の道である。案じ心の深い人、心配性の人は、早く親神様の存在、お働きを見つけなければならない。これが先決問題である。そして、親神様の心にしっかり沿わせていただくところに、親神様のお働きを頂いてご守護いただくことができると早く悟らなければならない。

三ッ　みれバせかいのこゝろにハ
　　　よくがまじりてあるほどに
四ッ　よくがあるならやめてくれ
　　　かみのうけとりでけんから

「よく」には物質欲、精神欲とあり、物質欲にも形の「よく」、無形の「よく」がある。また、精神欲には学問の欲もあり、知恵の欲もある。また、前生持ち越しの希望欲、理想欲などがある。そして、この「よく」は、各人各人によって多い少ないはあるが、「よく」

が形に現れてくる根源は各自の心であり、その心の中に天の畑が備えつけられてあり、その畑へ、この世の中に生まれてくるときに、親神様より植えつけられたものが陰徳であり、無形の「よく」である。そして、この無形の「よく」が、物質とか財産とか衣食住など有形の「よく」へと変化して姿を現してきたのである。

「よく」には親神様より許された「よく」と、許されざる「よく」とがある。何ごとでも、ものごとには程度があって、程度を越すと、いいものでも害を及ぼすものである。この程度内の「よく」は、人間が日々世渡りするについて楽しみとして親神様から許されているのであるが、世の中の人々は、この程度を知らぬために薬の効かぬ病気で生命を失い、家を滅ぼす結果になるのである。

すなわち、程度を越した無理な「よく」は苦しみとなるのである。この無理な「よく」を「どんよく」(貪欲)、「ごうよく」(強欲) といい、この二つのために人間は生命を失い財産をなくする根本となるのである。最後には裸になって、なんにもなくなってしまうのである。

人間の「よく」のうち、手足を使って出した「よく」には、神様から与えがあるのであるが、手足を使わずに、働かずに出した「よく」には、無理な「よく」がまじっているので与えがないのである。

そこで親神様が、「よくがあるならやめてくれ　かみのうけとりでけんから」と仰せられたのである。私は、この言葉の「よく」は、「どんよく」「ごうよく」と悟らせていただいている。「どんよく」とは、こまかすぎて、汚い「よく」の心遣い、「ごうよく」とは、際限のない「よく」をいうのであるが、この二つの「よく」は神様はおきらいであり、また、この二つが神様のお働きを邪魔することになり、そのお働きが止まることになり、神様が身上・事情に現してお戒めくださるのである。

五ッ　いづれのかたもおなじこと　しあんさだめてついてこい

「いづれのかた」というのは、日本人でも外国人でも、この天の下の人間全部をいう。「おなじこと」というのは、心が同じということである。「しあん」というのは、迷信に入ってくれるなというお言葉である。信仰の迷信というのは、一身をあやまることである。

天地を開き万物を造り、人間の身体をお造りくだされた親神様であればこそ、人間を我が子と仰せられるのである。親神様は我が子である人間を可愛《かわい》がってくだされ、人間の心が成人するのを楽しみに待ちかねてくだされるのである。我が子を苦しめる、困らせる親は決してないのである。

何ごとも原因あって結果がある。結果から原因を見いだす。また、元があって末がある。末から元を見いだす。これが天理の理法であり、神の御心《み》である。いままでの原因は形から始まったのであるが、親神様のお言葉は目に見えないところから、目に見えた形に表してのお話である。

たとえていえば、人間の知恵は形から始まって、自然というものまでは分かったのであるが、自然ということから先は無形に変わってくるのである。自然までが人間の知恵の悟りである。自然を悟るには、神の力でなければ悟ることはできないのである。ゆえに、天地を開き万物を造り、人間の身体を造られた親神様の教えをよく悟って、確信を持って疑いなく方針を決めて、神の心についてこいということである。すなわち、神のお言葉を信じて実行してこいということである。親神様のお話を聞かなければ、精神的知恵が進んでいかないのである。何ごとも神の話を聞いてなるほど、実行してなるほどと思うことが、心の財産となるのである。神の御心を悟ってこそ、心に光がつく、悟りがつく、心が明るくなるのである。

いままでの精神の知識は人間のつくった、人間の知恵から出た知識である。それが現在では、ほとんど行き詰まりになっているので、親神様が人間、すなわち可愛い我が子と物語りをしようと仰せられたのである。何しろ全智全能の親神様のお言葉であるから、それだけ心が明るくなるのである。

むやみに信仰しろというのではない。ご利益《りやく》だけもらって信仰する人もあるが、そのうえに親神様のお心を悟って信仰する人なら、生涯間違いなく、病をつくらないようになり、また災難をつくらないようになり、幸福をつくるのが上手になり、これによって人間は、この世の中を親神様の手に引かれて安全な道を通らせていただき、親神様の思召《おぼしめし》の陽気ぐらしをさせていただくことになるので、これが「ついてこい」ということになるのである。

六ッ　むりにでやうといふでない
こゝろさだめのつくまでハ

親神様は人間を我が子とおっしゃっておられるが、無理にああしろこうしろとはいわないというお言葉である。だいたい、無理というのは、強制の意味になるから、親神様はお喜びにならぬのである。昔から「無理が通れば道理引っ込む」というごとく、無理に押し通した場合は、道理すなわち親神様のお心が引っ込む。お退《ひ》きになるのである。ものごとは何でも自発的でなければならない。

さらにまた、人間は方針を立ててものごとを実行しなければならない。その方針を立てるには精神上の指導者がなければならない。昔から「師なきは道なきなり」というように、よき師匠がなければ方針が分からぬことになる。この道は全智全能の親神様が指導者であるので、人間は利口になり機敏になり、一歩一歩、神の御心に近づくことになる。

だいたい、人間の心は親神様の分け霊《みたま》と聞かせてもらったのであるから、神人合一でなければならない。神の心と人間の心とが一致しなければならない。ここまで考えて心定めがついて、初めて人間の出世というものが現れてくるのである。人間には知識の深い者もあるが、何というても人間の心には行き詰まりがある。この行き詰まりを突破して全智全能の神の心で世渡りをしてほしいというのが、「こゝろさだめのつくまでハ」ということになると悟らせていただくのである。

七ッ　なか〳〵このたびいちれつに
しつかりしあんをせにやならん

前述の心定めがつくまでには、多少考えを絞《しぼ》って思案しなければならない。そこには苦しみがある。

その苦しみというのは、疑問を解く苦しみである。日本人でも外国人でも、人間の心は、親神様の分け霊《みたま》である。親神様からいえば、日本人でも外国人でも我が子であり、また人間同士は兄弟である。ゆえに仲よくしなければならない。仲よくするためには「よく」と「こうまん」をとればとるほど、少なくなればなるほど和合できるようになる。

「しつかり」ということは、人間のことを植木にたとえて申せば、いままで自分の庭に植えてある木を神のお庭へ植えかえるとすると、神のお庭には肥料がうんとあり、親神様がついておいでになるから、心配することはないという意味になる。植えかえるとき、根はぐらぐらである。それをつっかい棒で倒れぬようにする。また、大風が吹いても木そのものが倒れない、大雨が降っても土がさらわれないようにしなければならぬ。大風が吹くとは、親戚《しんせき》の者や周囲の人々が信仰に反対することをいう。すなわち人情にまけるのが、大風で倒された理になる。また大雨というのは、衣食住の面倒を見てやるから天理教をやめろといわれて、生命より衣食住のほうが大切になるのが、大雨で土をさらわれる理になる。こういう理に動かされては、肥料の多いところから肥料の少ないところへ植えかえられてしまうのと同様である。ゆえに、「しつかりしあんをせにやならん」ということになる。

人間は考えの浅い人と天徳の少ない人が失敗することになる。また考えすぎて時期遅れになるのも、失敗と同じである。何ごとも程度問題である。その程度が多かったり少なかったりするのが失敗の原因となる。

また人間としての失敗は、欲が深すぎて失敗、案じすぎて失敗、心配しすぎて失敗、ついに、あぶもとらずはちもとらず、時期を遅らせてしまうのである。

果物も熟しているのであるが、もっとならしてならしてという人は、とうとう腐《くさ》って落ちて食べることができぬようになってしまうのである。

人間は、種をまく旬と肥をかける旬と収穫の旬の、時機を知ることが大切である。その時旬は神様のお心である。神の心を知らないで、自分の知恵や考えで進んでいく人は、時には旬を外す人が多いのである。人間として機敏すぎるのは時機を誤ることになる。旬を外すために、ついに失敗したり、成功できぬ者もある。昔から「転ばぬ先の杖《つえ》」というが、金銭さえ貯《た》めればよいということだけでは、転ばぬ先の杖ということにならぬことをよく悟らなければならぬ。

そこで人間は、七下り目にあるように、神様の田地を持たなければならない。すなわち、田地とは神のやしきのことをいうのである。神のやしきは長生きの田地ともなり、財産が伸びてゆく種まきの田地ともなる。それを信仰の浅い人は、田地というと農家の田地以外にないと考えている人がある。農家の田地は、食物の田地である。果物、五穀野菜の田地である。幸せの田地や長生きの田地を知っている人はないのである。

そこで七下り目をよく勉強すれば、このことがよく悟れるのである。何ごともめいめいの実りが種ということになる。畑は神のやしきの田地で、これは形の田地であり、理の田地である。種は善悪にかかわらず、めいめいの行為が種となるのである。親神様がその種を受け取って、田地におまきくだされるのである。そこから芽が出て、芽の出たものを、めいめいの心の田地、すなわち自分の田地に植えかえてくだされるのである。世の中の運、不運ということは、すべて自分の行為が種となりて芽を出したものである。

そこで「病の元は心から」「難儀するのも心から」と仰せられている。善き種をつくるのもめいめいの心であり、悪い種をつくるのもめいめいの心からと悟らなければならない。世の中の人は身体への滋養物は知っていても、心への滋養物を知らぬ人がいくらもある。人間は心が疲れるので、身体が疲れてくるのである。それを肝心の心に滋養物を与えずに、身体に滋養物を与えたり、頭を静養したりしている。そこで親神様が、

　よくをわすれてひのきしん　これがだいゝちこえとなる　十一下り目 4

と仰せられ、心に滋養物、すなわちこやしを与える道を教えられたのである。これによって人間は長命ともなり、また財産を伸ばすことができるのである。だいたい早死にというのは心が衰弱したためである。

人間は最悪の場合、また転ばぬ先の杖の支え、親神様の教えという杖をもって長生きし、財産を伸ばして、立派な世渡りをしなければならない。これが神のお望みである。

八ッ　やまのなかでもあちこちと
　　　てんりわうのつとめする

「やまのなか」とは「天理教信者のいない町村、教会のない町村」という意味である。昔

から井戸神様、大木の神様、蛇《へび》の神様、キツネの神様、などがある。人間でも氏神様といって、そのところにおいて功績のあった人を祀《まつ》ってあるところがある。年に一回なり二回なり、大祭を執行しているところもある。

これらの神は元を悟ればそのもの、また、その人の功績を拝んでいることになる。財産家であっても、功績がなければ神として祀られないのであって、各自の信仰のうえから拝んでおったのである。

そこで世の中が開けてくると、昔はご利益《りやく》があったが、いまはないということになり、ご利益のないものはつとめをだんだんしなくなって、ついに中止する。多少なりともご利益があればつとめを続けるが、次第次第に神と人間との関係が遠ざかり、へだてるようになったが、このたび人間を造り、万物をお造りくだされた親神様が現れたので、あちらこちらで天理王命《てんりおうのみこと》ととなえて、おつとめをするようになると仰せられたのである。世界の人々はその元を知り、生きて働いてくだされる親神様に対するお礼奉公をするようになる。このお礼奉公が出世の元、長命の元となるのである。

九ッ　こゝでつとめをしてゐれど
むねのわかりたものハない

信心しているといっても、いままでは神社仏閣にお参りすることを信心しているように思って、水の神、火の神、風の神を神様とも思わず、困ったときの神頼み式の信仰が多いように思われる。また反対に、頼まないということになれば、信心の必要なしと考える人が多数にある。人間には上り坂、下り坂があるが、上り坂のときこそ誠の心をもって、神様にお供えしなければならない。

だいたい人間は、善《よ》きことがくれば自分がしたといい、悪いことがくれば罰が当たった、という人がいくらもある。また家庭においても、いいことは私がした、悪いことは相手の者がしたといって威張《いば》る人が多い。人間はとかく威張りたいのが持ち前性分《しょうぶん》であって、自分が威張って相手をおとしいれるか、欠点を見て理屈をいう悪いくせがあるのである。「人のふり見て、我がふり直せ」と昔の諺《ことわざ》にもあるが、この教えにおいては、見るもいいんかい、ねん、聞くもいいんねん、見せられるのもさんげ、聞かされるのもさんげする。そして病の元、災難の元になっている魂についたほこり、いんねんを掃除しなければならぬと教えられるのである。それをほこり、いんねんと思わずに、心の掃除やさんげをせぬのは、うらんだりそしったり、腹を立てたりして、ますますいんねんの上塗りをしているようなものである。この心の掃除をするのが、お道の精神であって、「たんのうは前生いんねんのさんげ」とあるごとく、自分の魂のほこりを早く掃除しなければならない。たんのうの強い人は知らず知らずのうちに心の掃除をし、またほこり、いんねんを積まぬために長生きをするのである。また人をたすけることによって、心の掃除をして長生きするのである。

こういうたすけの筋道を知らずして、ほこりを積むばかりに回って、ほこりを掃除するほうへ回らぬために、神の心が分かった者がないと仰せられるのである。

とてもかみなをよびだせば
はやくこもとへたづねでよ

否《いや》でも応でも親神様にすがらなければならぬ場合には、神名を呼び出せ。そして早く親神様のお出張り場所である所属教会や上級、ひいてはご本部をおたずねして、神の心を早く知らなければならない。そして、早く成人して一人前のよふぼく、となり、お礼奉公につとめて、親神様のご苦労を減らさなければならぬ。これが親孝心となるのである。

十下り目

一ッ　ひとのこゝろといふものハ
ちよとにわからんものなるぞ

人間の心というものは、天に在《あ》る間は霊魂といい、人間の身体《からだ》に入ると心となるのである。その心とは、思うもの、考えるものであるので、心はその時、その場所によって変わるものである。利己主義の性質を持っている人は、心の変化がはげしく、落ち着かぬものである。昔から、言行一致というて、言葉と行いとが違ってはいけないということを、修身的に固く戒められているのである。十人が十色、百人が百色と申すごとく、個人個人みなその性質が違うのは、幾回ともなしに生まれかわっているために、その都度、性質が変わっているのである。

元来、人間の心はご奉公主義でなければならぬのである。それが個人主義と変わり、さらに利己主義と変わるのである。利己主義の性質を持っている人は心境の変化が多く、また貯蓄主義者であり、人はどうでも我《われ》さえよければよいという、胸そろばんを持っているので、そういう人の心は、ちょっとには分からぬものであると悟らなければならない。昔から「信ずべし、信ずべからず。疑うべし、疑うべからず」といわれるごとく、人間の心は相手によって変わりやすいことを知るのである。

ご神言に、

月日にハうそとついしよこれきらい　このさきなるわ月日しりぞく

おふでさき　一二号　113

とあるように、神様は「うそ」と「いいつけ口」「おべっか」が一番おきらいである。これが人間にいちばん大切な人格と信用を失墜させる根本となるのであり、また「うそ」と「いいつけ口」が一家を紊乱《びんらん》する元となり、お家騒動を起こす元となるのである。人間は、人間同士にも親神様にも信じられる言行一致の精神が最も大切である。

また、人間には知恵の浅い深いがあって、知恵の浅い人の心はすぐに分かるが、「能ある鷹《たか》は爪《つめ》をかくす」といわれるように、知恵の深い人の心は、ちょっとには分からぬこともある。しかして知恵の深い人は決してうそはつかぬものである。

人間の精神を比べてみると、何でもものごとをうのみにする人がある。うのみにする人は、人の心の味をみることのできぬ人である。ご飯を食べる場合にしても、一杯のご飯をよく歯でかんで、その味をみる人もあるし、また味もみずに三杯も早呑《の》み込みをしてしまう人もある。こういう人は胃に余計な負担をかける結果、胃の病気をつくる元となり、また心遣いより病気をつくる元となるのである。

これと同じで、われわれも話を聞く場合には、うのみでなく、しっかりその味をかみしめなければならない。それを味わわずして利口ぶって、なんでも分かったような顔をしている人も中にはある。こういう人たちが、人から信用を失い、また神様のお言葉も深く分からぬ人たちである。

しかし、人間は人の心を見抜く力がないために、昔から熟慮断行が大切であることを悟ってきた。かように物の味をみるごとく、神様は人間の心の味をよくみることが大切であると教えられたのであるが、われわれもまた親神様の十分の信用を得ることが最も肝心で、深き知恵をもって高尚な人格を養い、親神様の目からちょっと見てすぐ分かっていただくような心になるよう勉強しなければならないのである。

二ッ　ふしぎなたすけをしてゐれど
あらはれでるのがいまはじめ

この教えは天保《てんぽう》九年十月二十六日、旬刻限により親神様が教祖《おやさま》の身体を神のやしろと貰《もら》い受けて、たすけ一条の御《み》教えをお説き示しくだされたのである。では、それまではどうかというと、それは古来よりの信仰にみられる祈禱《きとう》とか、お加持《かじ》とか、法力とか、まじないとか、鍼《はり》、灸《きゅう》とか、広く医薬と共にいろいろと肉体治療のたすけ方があり、それらを通じて親神様が陰から不思議なたすけを与えられていたのであるが、人間はそれを知らず、拝む目標そのものが、人々をたすけたり、ご利益《りやく》を下されるのであると思っていたのである。

世の中の人々は、病気・災難をいろいろなものによってたすけてもらったり、またご利益を頂いていたのであるが、教祖がお現れくだされてからは、「病の元は心から」「難儀するのも心から」と心の救済方法をお教えくだされ、病気・災難の根絶する御教えをお説きくだされたのである。

お言葉に、

　ぢつやとてほふがへらいとをもうなよ　こゝろのまことこれがしんぢつ

おふでさき　五号　44

と仰せくださるように、たすける人とたすけられる人の双方の誠真実をお受け取りくださ れて不思議なご守護を下されるのである。いままでのたすけの方法は肉体や事情のみの治療、解決方法であり、何回たすけられても、また前の病気なり事情が出てくるのである。すなわち病気や事情の根が切れていないのであって、その根を切るには、心だすけでなければ、根の切れぬことをお教えくだされ、「むほんのねえをきらふ」、また「なんじふをすくひあぐれバ」「やまひのねをきらふ」とお示しくだされてある。

　この道の救済方法は、この根を切るのであり、他に類のないものである。病気・災難の発生する元は心の使い方一つにある。いままで人間は肉体に重きをおいて、心の使い方が身上・事情に現れることを知らなかったのである。

　親神様は、早くこの心の掃除をせよと急《せ》き込んでおられるのであり、掃除をした者は長生きをすることができ、また、この世の中を明るく楽しんで生活することができると教えられたのである。

三ッ　みづのなかなるこのどろう
　　　はやくいだしてもらひたい
四ッ　よくにきりないどろみづや
　　　こゝろすみきれごくらくや
五ッ　いつ〳〵までもこのことハ
　　　はなしのたねになるほどに

水というものは、きれいな水、澄んだ水でなければ飲み水にならない。またその飲み水で生命を保っているのである。人間ばかりでなく動物、植物に至るまで、水は生命を保つ大切なものである。昔から「水は生命の親」といわれるごとく、この世の中でいちばん大切なものは水でなければならない。水ほど大切なものはほかにないのである。

この大切な水をお造りくだされた水の神を知った者は、いままで誰《だれ》もないのであって、その水を造っていただいた水の神がお名乗りくださったのである。水の神のお住居《すまい》場所は親里ぢばで、ここにご鎮座ましましているのである。

この水の神を親神様と申し上げるのである。生命の親とは親神様のことをいうのである。われわれは自分が生きているのではない。生かしていただいているのである。この大切な水の神が、人間のためにご苦労くだされているのである。お言葉にも、

みづとかみとはおなじこと　こゝろのよごれをあらひきる　五下り目　3

と仰せになっている。

お互いお道の信者は「火と水とが一の神、風よりほかに神はなし」とお聞かせいただいて、いままで火、水、風は自然物であると思っていたが、この火、水、風こそ真実の神、元の神・実の神であって、この親神様によって、人間はじめ動物植物に至るまで万物が生かされていることが分かったのである。この親神様を知っている者は少ないのである。こういう大恩を知らなかったということは、親神様に対して誠に申し訳なかったのである。

お言葉のごとく、水の中に泥《どろ》がまじっていたならば、人間は飲むことができず、無駄《むだ》に捨ててしまわなければならぬのである。これは、この泥を一刻も早く出してもらいたいというお言葉であるが、親神様はこの泥が大きらいである。泥といえば、濁《にご》り水も泥というのである。親神様のお心は、人間が世渡りするうえについて、泥のような心になってはいけない、濁り水のような心になってはいけないと仰せられたのである。すなわち、泥とい

うのは「深欲」のことを仰せられたのである。
「よくにきりないどろみづや　こゝろすみきれごくらくや」と仰せられたごとく、人間はいかに強い身体でも、いかに財産があっても、泥水すなわち深欲のため身を亡ぼし、財産を失うのである。人間の大敵は欲である。また高慢である。親神様のお言葉にも、

よくがあるならやめてくれ　かみのうけとりでけんから　九下り目 4

と仰せられている。欲は「深欲」「強欲」「貪欲《どんよく》」とたくさんあるが、いずれにしても、あくどい欲が神のお働きを止めることになるのである。世の中を渡るにはこの大欲、深欲があればついに貧乏となり、貧者となってしまうのである。

そこでお道の者は、親神様はどういう心がお好きであるかを悟らなければならぬ。神様のお好きな心はひのきしんの心である。前述のごとく、ひのきしんの精神が、親神様に勇んで働いていただけることとなるのである。このひのきしん精神を終始一貫ふるい起こしたならば、人間は長命をして衣食住に不自由しないようになるのである。ひのきしんの実行は、親神様が双手《もろて》をあげて喜んでくださることなのである。喜ぶということは、子供（人間）の出世を喜んでくださるのであり、人間の成人を楽しんで待ちかねておられるからである。

昔の人々は、無欲で、正直で、よく働いたために、病気も苦しみも少なかったのであるが、いまの人々は、神様もおきらいなされる「よく」と「こうまん」で心がはりつめているために、病気・災難で苦しむ人が増えてきたのである。

「こゝろすみきれごくらくや」とのお言葉のごとく、病気にしても血液の濁るのは、心が濁っているからである。血液が濁れば身体がだるくなり、ついに病になる。内臓の病気もみな血液が濁るのが根本であると、素人でも考えられるのである。よくがとれたならば、心が極楽となるのである。

　人間には、よくのない者はないことは申すまでもないが、何ごとも程度問題である。程度を越したよくならば、親神様がお働きくだされないことを知らぬのである。世の中、恐ろしいものは、程度を越したよく、程度を越したこうまんの二つで、このためについに身を失い、家を滅ぼしてしまうので、人間としてはこの恐ろしい大害を知らなければならない。ゆえに、この教えを聞かせていただいた者は、人間心から出た深欲とこうまんはやめなければならないのである。すべて親神様のお心によって世渡りをしなければならぬのである。

　元来、この世の中は人間の世の中でなく、親神様の世の中である。ゆえに親神様の教えを根拠にして、心で世の中を渡らなければならない。これを実行したものが極楽をさせていただく基礎となるのである。

前述のごとく「病の元は心から」「難儀するのも心から」であり、また幸せをつくるのも心からである。身体も心もともに大切であるが、心あっての身体であり、心が間違えば財産なり身体なりに、予想外のことが現れて苦しむことになるのである。ゆえに、心から親神様の教えを実行して成績をあげた者は、ますます親神様の教えを信じる力が強くなり、ますます幸福になるのである。

親神様の存在、親神様のお働きを知った人は、この世の中は親神様の世の中であることを知り、そして「いつ〳〵までもこのことハ　はなしのたねになるほどに」と、末代まで変わりないことを仰せられたのである。日本人ばかりでなく外国人に至るまで、人間の身体を造っていただいた親神様が人間可愛《かわい》い一条から、この教えをお説き示しくださったのであることを悟っていただきたいのである。

せっかく人間を造り生まれさせた以上、陽気ぐらしをさせたいのが親神様の深い思召《おぼしめし》である。自分一人、極楽世界になって楽しむのは個人主義である。第一、日本人一人残らずに陽気ぐらしをさせたい、教えたい、そして、ともども喜びたいというのが親神様の思召であり、誠真実である。この誠真実をもって世渡りするのが本当の人間であるということになるのである。いままで人間に喜んでもらったものも結構であるが、親神様のお心に喜んでいただくのが、これ以上ない道である。

六ッ　むごいことばをだしたるも　はやくたすけをいそぐから

お互い人間同士では、やさしい言葉、やわらかい言葉、おだやかな言葉、相手を喜ばせる言葉で話し合いをするのが人間の常識でなければならぬが、このお道のお話は、普通のお話と違って心だすけの話であって、人の心をたすける重要なお話である。「むごいことば」とおっしゃるのは、余程思い切ってその人の心を改革しなければたすからぬ場合、また持ち前性分《しょうぶん》にしても、身上・事情にしても、重大なるほうへ進むようなとき、またやさしい言葉をかけていては、たすけるに間に合わぬ場合など、やむなくきつい言葉、たすけ急《せ》き込む強い言葉が出るのである。

昔から「良薬は口ににがし」というが、このむごい言葉も心だすけのうえから申せば、耳を通じて心に注射するにがい良薬のようなものである。親神様の子供可愛いゆえのきつい意見であり、子を愛する親の慈悲をよく悟らなければならぬのである。

親神様にはお口がないために、身上・事情は神の声と聞かせていただくごとく、身上・事情に見せて心の改良をお急き込みになるのである。神の声でやさしいお言葉は、病気なら軽微な病気であるが、急性にくる病気はむごい言葉ということになる。この親神様のむごいお言葉を頂戴《ちょうだい》したときは十分考えて、親神様の思召を悟って、それを実行しなければならぬのである。それを知らずして、人間の言葉が強ければ、小言とか、苦しめるとか無慈悲であるとかいって、気短《きみじか》、癇癪《かんしゃく》を起こす人が多数ある。これは親神様の、人間を善の方向へ進ませてやりたい、出世をさせてやりたいという親心であることが分からぬためである。この親心が分かれば、誰《だれ》がたすかるのでない、みな自分がたすかるのであるということが悟れてきて、ありがたきお言葉であることが分かってくるのである。

また、いままで人間は、神様のご意見を頂いてもそれを病気と思うために、自分の精神の間違っていることも知らずに、単に病気さえ治ればよいという知恵しかなかったのである。ゆえに、その親神様のお言葉を通訳してもらって、心を改良して、今後は神様のお心に合わせてゆく精神になったならば、その人は人間の知恵以上の知恵を親神様より頂戴することになり、これが出世の元となり、親神様の望まれる陽気ぐらしの世渡りができるようになるのである。

何ごとも人間は、小言や世話やきや注意を貰《もら》わねば、なかなか成人のできぬものである。自分の欠点は自分では分からぬ。それは他人より聞いて初めて分かるのである。

親神様はたすけを急き込まれるうえから、むごい言葉、きつい言葉を出すので、人間はよくこの神様のお心を悟らなければならない。

七ッ　なんぎするのもこゝろから
わがみうらみであるほどに

「なんぎ」といってもいろいろあるが、病気で苦しむ、貧乏で苦しむ、家庭の不和で苦しむ、身体の不自由な者で苦しむ、男で苦しむ、女で苦しむなど、いろいろある。これらはみな、お言葉の「なんぎする」と悟らなければならない。

このいろいろの「なんぎ」は、めいめいの心の行いが姿を現したものである。すなわち自分がつくったものであり、自分の行為が芽生えてきたのである。これを親神様は通り返しの道と仰せられている。

「いんねんなら通らにゃならん、通さにゃならん、通って果たさにゃならん」とお聞かせいただくように、天理の法則は心の善悪ともに細大もらさず、自分の行為は、姿を変えてそのとおり現れてくるのである。それを知らずして、病気ならば天から降ってきた、不時災難も天から降ってきたなどと思って、天をうらみ人をのろい、この世の中を地獄と思ってなげいて通る人がいくらもある。みなこれは、天の法則を知らぬ結果であることを悟らねばならぬ。この教えを聞かせてもらった者は決して人をうらまず、自分の行為の違っていたことをうらんで、よく自己の心を反省せねばならぬ。この反省が将来の知恵となって、世渡りの参考となるのである。

また、自分だけにとどまらず、世の中には難儀、不自由、憂うつとなり、悲観をしている数多くの人がいる。それらの人々にこの天理を教えて、陽気ぐらしの生活に転換させなければならぬ。これがにをいがけ・おたすけとなり、これが自らがたすかる元となり、人も喜び自分も喜ぶ、人もたすかり自分もたすかる陽気ぐらしの基《もと》となるのである。ゆえに、この天理を知った者には、心の病になる人はほとんどないのである。小さくいえば、悲観ということはなくなってくるのである。そして天をうらむことなく、人をのろうことなく、すべて自分の行為をかえりみて改良して、日々喜びの中に生活できるのである。

病　気

初めに述べたごとく、いちばん大きな難儀は病気である。単に病気といっても軽いもの、重いもの、薬の効かぬのもある。貸し主たる親神様のお働きが欠けたためで、大きく欠けると重病となる。それは前生の持ち越しと今生十五歳から今日までの間のあしきの理が現れてくる、すなわち、悪《あ》しき種をまいて、悪しき芽が出たことを悟らなければならぬのである。人間は病気というけれども、神様は、自分が通った道が現れたのであることを教えられたのである。すなわち、自分が病気をこしらえて自分が苦しむのである。心が苦しんで、その苦しみが肉体に現れて二重の苦しみをするのである。

元来、医学の研究は肉体より病気が現れてくるというのであるが、心の苦しみが身体の苦しみへと姿を現したことを悟らなければならない。ゆえに心の解決が先決となる。それゆえに、心あって肉体ということになり、心の解決をして肉体の解決をするようにしなければならぬのである。

貧乏

次に貧乏は、これも難儀の元である。元来、人間の霊魂には、天の畑が備えつけてあることを早く悟らなければならない。人間の魂は、天に存在する時は霊魂といい、人間の肉体に入ると心という。心の活動する姿が肉体の活動となって現れてくるのである。心が怒れば顔に怒りが出てくる。心が笑えば笑顔となる。心が泣けば泣き顔となる。みな心の働きが肉体に現れてくるのである。ゆえに、肉体も心もともに大切であるが、肉体より先に心の使い方が大切でなければならぬのである。

貧乏というものは、主に金銭を使う心が第一の原因といわなければならぬのである。いままで人間は、心に天の畑の付着していることを知らず通ってきたのである。毎日働いて金銭の収入を得るということは、自分の心の畑よりそれだけの物をぬき取って収穫としているのである。心の畑は土地の畑と一緒で、収穫していくと、次の収穫を得るためには種をまかなければならぬように、すべて人間も自分の心にある天の畑に種をまくことが必要である。これを知らないために、金銭が入った場合、それを金銭と思うために、その金銭を我が家、我が身、我が子というものに使うから、みな種を食ってしまって次の収穫がなくなるのである。神様のお言葉に「ご恩返しが種」ということがおっしゃられているが、人間としては、生みの両親に対して、また人間をお造りくだされ、一分間も絶え間なくご守護くださる親神様のご苦労に対して、感謝報恩をすることが種となるのである。この二つが人間の出世の根本となるのである。あとは互い立て合いということと、ほどこすということがあるが、この二つの場合の金銭もみな、親神と両親のご苦労によって現れてくるのである。

元来、種は一日早くまけば一日早く芽が出る。一日遅れれば遅れただけ収穫が少なくなるのである。「ようこそたねをまきにきた　たねをまいたるそのかたハ　こえをおかずにつくりとり」と仰せられているように、人間は金銭を種と悟って収穫をしなければならない。ゆえに、貧乏にならぬように、めいめいの心の内の畑に種をまかねばならないことを早く悟らなければならぬ。しかし人間としては、種は自らできないのであり、あくまで親神様への感謝報恩が種である。この心を親神様が誠の種として、めいめいの心の畑に植えつけてくださるのである。それが金銭物品、すなわち衣食住に不自由なしに通れることになるのである。病気は一つ間違えば出直しになるのであるが、貧乏は前述のとおり、心の畑へ善種をまかなかったのが金銭に不自由することになるのであって、病気にくらべれば幾分よいのであり、帰するところご恩返しの道が出世の根本となり、衣食住に不自由せず、貧乏で苦しまなくなり、金銭物質に恵まれることになる。

家庭の不和合

次に、人類の根本精神は和合にある。不和合は病気、貧乏となり、難儀の全体の原因をつくるのである。第一、夫婦は人類の創《はじ》めにして、夫婦より子供が生まれる。これを親子といい、子供が二人以上できて兄弟というのであり、この全体を家族というのである。手の指で説明すれば、親指が両親で、あとの八本が兄弟である。指一本切ることはできないと同じく、親子兄弟の縁は切ることができないのである。「ぢいとてんとをかたどりてふうふをこしらへきたるでな　これハこのよのはじめだし」と仰せられたとおり、夫は天の位を維持し、妻は地の位を維持して真の和合となるのである。

世界で申せば、天地が和合せねば地震となり、大風となり、嵐《あらし》となるので、それと同じように、夫婦が和合できないときは家の中で地震があるのと同じであり、それに言葉の争いが加わると大風となり、涙が出て嵐となるのである。天地の働きと一家の精神状態とは同じようなものである。また、夫婦の不和合は子供の病気や傷となる。

親神様の思召は、大難を小難としてお知らせくだされ、その大難とは親の身上・事情、小難とは子供の身上・事情をいうのである。ゆえに、子供の身上・事情は夫婦が先に改良せねばならぬことをお教えくだされたのである。かくして一家が和合し、一国が和合し、万国が和合すれば平和になるのである。ゆえに戦争が起こらず、いわゆる平和世界が実現するのである。

八ッ　やまひはつらいものなれど
もとをしりたるものハない

病といっても肉体の病と心の病と二通りある。いずれもつらいものである。肉体の病のほうがつらいといわなければならぬ。何をいっても自分の身体が自由に動かぬからである。心の苦しみは身体が自由に動くだけまだよいのであるが、心の悩みが解決しても、その後それが肉体に病として現れてくるものと覚悟せねばならぬのである。

さらにまた心の解決、すなわち事情の解決をせずして、無理我慢、無理たんのう、無理辛抱などであった場合には、それは肉体の病に最もはげしく現れてくるのである。ゆえに、いままで病は肉体の故障より現れるといわれる学説があるだけで、心の使い方が肉体に現れたのであるという元を知った者はないと仰せられたのである。

九ッ　このたびまでハいちれつに　やまひのもとハしれなんだ

「このたびまでハ」ということは、天保《てんぽう》九年十月二十六日まではというのである。「いちれつ」とは、世界中の人間のことを申されたのである。

前述のごとく、事情の悩みや肉体の病については、いままではくわしいことが分からなかったのである。それはいうまでもなく、心の悩みの行為が肉体に現れていることが知れなかったのである。医学界においては、精神とか心とかいうことはほとんど無視しているのであって、病は肉体の故障から現れるというのであり、食物のうえか、また強くいえば暴飲暴食か、肉体の虚弱のためか、身体の過労か、また天候のうえなどにその原因を求めたのである。その原因に対しては、医薬のほうより、その発生を防ぐ方法がないということは、みなひとしく認めるところである。元来、心は無形なるゆえ、科学では研究できないのである。ゆえに今後何千年、何万年経過しても肉体の研究のみであり、発病せぬように食い止める方法を見つけるのは、とうてい不可能である。

そこで親神様は「病の元はめいめいの心による」と仰せられ、それが身上・事情に現れてくると教えられたのである。事情とは、人間と人間との関係にもつれを起こした場合のことであり、また世の中と人間との関係も事情の中に入るのである。また、一家の不和合も事情である。これが心の悩みと申し、身上とは肉体の障りなり、痛み故障をいうのである。そして、この身上・事情が親神様のご注意の言葉であることを、初めて聞かせていただいたのである。

十ド　このたびあらはれた
　　　やまひのもとハこゝろから

すなわち、病の元は肉体からではなく、めいめいの心の病が肉体の病に現れてくるのであって、心の病が肉体の病に変じてくるのである。医薬で肉体の病は治っても、心の病の根は切れぬのであって、「病の元は心から」と仰せられ、自分で病を製造したのであることを悟らなければならない。

親神様は人間の身体をたとえて、心が着物を着ているとお教えくだされているのであって、肉体は出直せば土葬、火葬となり消えてしまうが、心は末代であって、われわれ人間は八千八《や》度《たび》の生まれかわりをしているとお聞かせいただくように、人間の幸福はみなめいめいの心に付着して、みなそれを持ち越していることを悟らなければならない。しかし、心は姿を認めることができぬために、いままですべて人間は物質本位となって、心には重きを置かず、形や物のみに重きを置き、病気も身体から発生するといっていたために、親神様が「このたびあらはれた　やまひのもとハこゝろから」と仰せられたのであり、われわれは初めて心の使い方が第一であることを悟ったのである。

親神様のお言葉に、

よくをわすれてひのきしん　これがだいゝちこえとなる　十一下り目　4

とあるように、ひのきしんとは身上かりもののお礼奉公で、火、水、風の神様のお導きによって生かしていただいていることを知り、この神様のお働きに対してご恩報じすれば、前述のごとく家庭も円満となり、そのうえ衣食住も不自由ないようになるのである。それを知らずして、人間は「よく」と「こうまん」の心がつよくなってくるために、ご奉公主義から転じて個人主義となり、さらに自分さえよかったらよいという利己主義が現れて、だんだん重い病気となる。それは、この主義からつくられた結果、発生するものである。個人主義、利己主義は病を製造し、事情を発生させ、短命となり、家を滅ぼし、身を失い、ついには子孫断絶にまで至るのである。

また、利己主義は自分さえよければという精神で、他人に対して薄情となり、その我が身思案、薄情が病となるのである。親神様は、

口さきのついしよはかりハいらんもの　しんの心にまことあるなら

おふでさき　三号　39

と仰せられるごとく、誠というものは親神様、また人間の親に対しての親孝行が第一であって、目下に対しては慈悲と寛大を主としなければならぬのである。最近は、医薬で間に合わぬ病気が続々と発生しているのである。軽い病気ならば医薬で癒《い》やすことができるのであるが、重病には注意しなければならぬのである。

子供の病気について実例を申せば、四、五歳ぐらいの子供が、はしか、肺炎を併発した場合には無論、医者の手当てを受けることはいうまでもないが、これを心遣いのほうより悟っていけば、子供の十五歳までの病気は両親の心得違いが原因である。男親と女親とが互いに反対の意見を主張するために、手当ての反対な病気が現れてくる。そこで夫婦が反

対の主張をやめ、心を合わせれば、はしか、肺炎ともに軽くなるのである。

　また、はしかは、一家の人たちの心が不統一で、ごたごたしている心遣いからである。手当てとして温めるというのは、今後は薄情の精神を使わず、人々を温かい心で喜ばせて、家族の心を統一しろという親神様の思召である。また肺炎は、家族の人々の息、すなわち空気が不統一であり、また生活上については、両親が魂に陰徳のないのを知らず、欲にあせりすぎるために親神様よりご注意を受けた病気である。

　元来、この親神様の御教《み》えは、病気・災難をつくらせないのが神意である。肉体の病気は無論、医薬によって癒やさなければならないが、心得違いのために生まれた心の原因は医薬でなおすことができぬのである。すなわち「病の元は心から」といわれるごとく、病となるべき心遣いが肉体にしるしとなって現れてくるのである。たすけ人衆はこの点をしっかり悟っておかなければならない。

　また、もう一例を申せば、子供が百日咳《ひゃくにちぜき》を患ったとする。百日咳は、はく息が多く、すう息が少ないのである。これは呼吸器病であるが、はく息が多いというのは家族において、わけて両親が、自らの主張どおりに相手を服従させ、また相手に自分の言うことを通す理で、また先方の言うことを押さえるのが、すう息の少ない理である。ゆえに夫婦にしても、夫の言うことを用いず、また妻の言うことを用いず、互いに自分の主張をおし通すのが「はく息」が多く「すう息」の少ない病状に現れてくるのである。神様の思召は、夫婦ともに自分の主張は後回しにして、夫は妻の言うことを用い、妻は夫の言うことを用いるようにということであり、このような心遣いであれば決して百日咳は発生するものではない。

ゆえに、いかに経済上に力を入れても、病気・災難のために幸福を得ることができない人が多いのである。これみな一家の和合が欠けているゆえで、しっかりこの親神様の御教えを悟って、病気・災難の元となる心遣いをせぬようにしなければならない。そして病気・災難の少ない人が長生きをして幸福となるのであり、畢竟《ひっきょう》、神の道を通るのが最大の幸福と申さねばならない。

十一下り目

一ッ　ひのもとしよやしきの
かみのやかたのぢばさだめ

「ひのもと」とは月日親神様の、正しい、動かすことのできないおやしきであり、お住居《すまい》場所で、ぢばをいうのである。このぢばは月日両神によって定められ、人間をお造りくださることの相談ができたところをぢばというのである。

この道は、月日親神様のお住居場所を知らなくてはならない。そのお住居場所はぢばである。このぢばは人間が場所を定めたのではなく、月日親神様がお定めなされたのである。

人間は自分の身体《からだ》をお造りくだされた親神様のお住居場所、すなわちぢばを知らなければならない。親神様の思召《おぼしめし》は、早く人間にこのぢばを知らしたいのである。

このぢばの筋道が分かった人が、分からない人を導いてきて、親神様のお住居場所を教えることを、親神様は非常に喜んでおられるのである。これを「にをいがけ」というのであって、一人でも多くおぢばに連れ帰らせることが、親神様に喜んでいただく第一の親孝行である。

二ッ　ふうふそろうてひのきしん
これがだい丶ちものだねや

人間の元初まりは、親神様の命により、いざなぎのみこと様が夫となり、いざなみのみこと様が婦《つま》となりて人間の肉体を創造されたのであり、「ぢいとてんとをかたどりて　ふうふをこしらへきたるでな　これハこのよのはじめだし」と仰せられるように、人間の元初まりは夫婦である。

夫は天の位を持ち天の働きをする。妻は地の位を持ち地の働きをする。これが夫婦のつとめであることを教えられたのである。夫は夫たる本分を尽くし、妻は妻たる本分を尽くしてこそ、親神様の思召にかなった夫婦の道である。

夫婦の道は人倫のはじめであり、和合を第一としなければならない。それぞれ前生の魂のいんねんが結びつけられて、夫婦となるのである。

夫婦が心を揃《そろ》えてひのきしんをさせていただくことが、みな神の畑への種となってお受け取りいただけ、これによって一家が幸福になれる元をお教えくだされたのである。

三ッ　みれバせかいがだん〳〵と
　　もつこになうてひのきしん

「もつこになうて」とは、天恩、人恩、物恩の積もり重なったほこりと、八つの心遣いより生ずる精神上、また物心上の積もり重なった大ぼこり、中ぼこり、小ぼこり等、みな集めて天へお返しすることをたとえられたと思うのである。

人間は、この天恩の積もり重なったものと八つのほこりのため、出世をさまたげられていることを知らぬのである。金物なれば、さびが出て機械が自由に回転しなくなって運動が止まったと同じことで、このたび、すなわちほこりを掃除したならば、自由自在に親神様のお働きを頂くことができるのである。人間は誰《だれ》でも出世を願わぬ者はないけれども、朝から晩まで働き、稼《かせ》ぎ続けても、なかなか出世することはできないものである。親神様は人間すなわち子供に、早くその出世の道を教えたいために、この教えをお説き示しくだされたのである。

前述のごとく、天恩、神恩を受けたら人間はお礼をすればよいのである。身上をはじめ、すべての借り物のお礼をせぬために、ほこりが重なったのである。借金が積もれば首が回らぬというが、心の首が回らぬようになるのである。ゆえにひのきしんとはお礼づとめである。天恩、神恩の借金を減ずると同時に、天の恵みが湧《わ》くのである。すなわち親神様のお働きが増えてくるのである。

いままではひのきしん精神を知らず、天の恵みを待っていたのである。人事を尽くさずして天の恵みを待つ、すなわち種をまかずして収穫を待っていたのである。この教えを聞かせていただいて、種をまかなければ芽の出ないことを悟らなければならないのである。

四ッ　よくをわすれてひのきしん
これがだいゝちこえとなる

人間には「よく」と「こうまん」があるものだけれども、程度を越してしまうために、難儀不自由をしなければならぬようになるのである。「よく」の程度を越せば、胴体の病気となる。また「こうまん」の心を使いすぎると、首から頭へかけての病気となる。また手足は、日々「よく」と「こうまん」に使われているので、それを親神様は、「よく」を忘れて親神様にお礼奉公しなければならぬように教えられたのである。それが人間の魂のこやしとなることを教えられたのである。

いままで人間は自分の肉体に滋養物、すなわち「こやし」をかけることを知っていたが、心に滋養物「こやし」をかけることを知らなかったのである。心にこやしが切れると、そのしるしがいろいろの病気となって現れてくるのである。

そこで親神様が、魂にこやしをかけなければならぬと仰せになられたのである。お道の信者でも、魂にこやしをかけない人がいくらでもあるので、親神様は心にこやしをかける方法をお説き示しくだされたのである。

世の中には、いかに頭がよく知恵があっても、心のこやしの少ない人たちは、頭が疲れて出世はできないのである。ある程度までは出世できるが、いろいろの病気のために、自分の職務を放棄せねばならぬことができてくるのである。それを病気のためと思うけれども、実は心のこやしが減じたのである。人間は知恵があって、魂にこやしのある人ならば、必ず最後まで出世をするに疑いはないが、知恵があっても、魂に種やこやしのない人は、ある程度まで出世すれば、運勢が下り坂になるのである。「こやし」すなわち陰徳を積んでこそ、最後まで出世をするのである。この心のこやし、および善種を天徳というのである。

人間には天徳と人徳とがある。天徳は天の親神様からお恵みを頂くのであり、人徳は人間より愛されるのである。いくら人間の人情で人間に可愛《かわい》がられても、天の畑へ種もまかず、魂に「こえ」もおかずにおけば、天徳が切れれば出世が止まり、したがって人徳も切れてしまうのである。人徳より、天徳のほうが大切であることを教えられたのである。

五ッ　いつ〳〵までもつちもちや
まだあるならバわしもゆこ

土運びをさせていただくことを土持ちというのであるが、これが、信仰が深くなり、めいめいの心にほこり、いんねんが積んであることが分かると、心の掃除をしたほこり、いんねんを片づけ、処理する場所に持ち運び去らなければならぬことと悟らせていただく。

そう悟ると、「まだあるならバわしもゆこ」とは、前生持ち越しのいんねん、今生のほこりが、まだ掃除せずに残っていることが分かったならば、それを捨て場所へ持って行こう、お返ししようということになるのである。またおぢば拡張の仕事もあれば、土運びなり、ほこり運びなり、誠真実の運びなり、ひのきしんに出かけさせていただくのである。

このひのきしんは、悪《あ》しき種を善種に変えていただくことになる。この掃除したものが、健康、長命、幸福となって現れてくるのである。

六ッ　むりにとめるやないほどに
こゝろあるならたれなりと

ほこり、いんねんをお返しに行く、捨てに行く者があったり、誠真実を運ぶ者があったならば、決して止めるものではない。心のほこり、いんねんが姿を現して病気・災難となり、苦心してもうけたお金をはき出さねばならないようになる。泥棒《どろぼう》にあうのも、災難にあうのも、病気をするのも、落とし物をするのも、みな、よりどころなしに出さねばならないことが湧《わ》いてくるので、これらはみないんねん、ほこりの掃除すべき時期が来たのであると悟らなければならぬ。

人間はもうけるのに骨が折れて、また出すのに骨が折れる。出すのに骨が折れるとは、前述のとおり、病気や災難で出すのである。病気で苦しんで出すのは、身体で苦しみ心で苦しんで出さなければならぬ。また怪我《けが》でも、身体で苦しみ心で苦しんでも治療をしなければならぬ。人間として病気・災難がなかったなら、こんな結構なことはないが、ここに大いなる理由がある。

それは、人間というものは、収穫をすることは知っているけれども、恩を返すという種まきを知らぬために、病気・災難などのいろいろの結果が現れるのである。いままでは人間からの恩は知っていたが、天の恩、神の恩を知った人は少なかった。それゆえにみかぐらうたにあるとおり、ひのきしんをせねばならないのである。その家のいんねんを軽くするため、身上・事情にならぬようにひのきしんをさせていただく。これがほこり、いんねん掃除のひのきしんとなると悟らせていただくのである。

前述のとおり、「土」というのは前生の悪いいんねんなり、今生のほこりを仰せられたのではないかと悟らせていただくのである。これが、一家がたすかり世界が治まる元になるのである。このひのきしんを人間考えで判断すると、止めることがいくらでもある。それで親神様は「止めるのではない。ほこり、いんねん掃除をしたい心ならば誰《だれ》でも受け取る」と仰せられたのである。

七ッ　なにかめづらしつちもちや
　　これがきしんとなるならバ

いままでは「もっこ」でいろいろのもののほこりや塵《ちり》を運んだのであるが、珍しい土持ちとおっしゃるのは、心のふしんをする心の掃除で、その「ほこり」をのせて、天へ運び返す土持ちで、これがきしんとなると仰せられたのである。

「きしん」とは寄進にして、自分の誠の心をよせて天に献納することである。このきしんは、誠なればすぐと受け取り、すぐと返すと仰せられているように、これが天の恵みとなって、衣食住に不自由なく、また長命になるのである。お道の信者は、ひのきしんという行為が出世の元になることを知らなければならないのである。ひのきしんが善良の信仰となり、幸福の種をまくのと同じことである。

八ッ　やしきのつちをほりとりて
ところかへるばかりやで

前述の七下り目八ッに、

やしきハかみのでんぢやで　まいたるたねハみなはへる

とあるように、やしきというのは、この親神様の田地をやしきというのである。このやしきの土には、めいめいの誠が種として植えこんである。その誠の種より、芽が出て、花が咲き、実が結ぶのであるが、親神様はよくがおありにならないので、これを神の物として利用されるのではなく、種をまいた人間に戻してやる、返してやると仰せられたのである。すなわち、めいめいの心に植えかえてくだされるのである。

人間の幸福は、決して天から下ってくるのではない。めいめいの誠を受け取って、一時おやしきへおまきくだされ、時期が来れば、その土を掘って、実の結んだ、根のついているのを「ところかへる」すなわち植えかえてくだされるのである。

世間には、幸福がめいめいに下ってくるように考えている人がいくらもいる。幸福が下ってくると考えるのは、人間の考えである。親神様が人間に幸福を下される順序を申し上げると、第一に誠の心をつくらせていただく。その誠の心のしるしを親神様へさしあげる。親神様はお住居《すまい》場所のおやしきの畑へまいてくだされる。そのまいた種が現れて芽が出て、花が咲き、実が結ぶ。それをめいめいの心に植えかえてくだされるのである。心がすなわち自分の畑となるのである。これが心の陰徳となる。陰徳とは心の財産である。その陰徳が旬によって、陽報となって現れるのである。陰徳が姿を現したのが幸福となり、物質と現れたのである。

　親神様はよくがないので、人間が神のおやしきにまいた誠の種を、みんな人間にお返しくだされ、それが幸福となり出世となるのである。

　しかし、誠の種でも、今日まいて今日すぐに芽は出てこない。野菜の種と同じで、日が経《た》たなければ芽が出ないし、また芽が出ても、幾日か経たなければ花も咲かない。実もならないのである。ゆえに、日々しっかりと誠の種をまいておきさえすれば、旬が来れば幸福が湧いてきて出世をするのである。

九ッ　このたびまではいちれつに　むねがわからんざんねんな

親神様が表に現れてお説き明かしくだされるまでは、どんな人間でも親神様の思召《おぼしめし》が分からなかったのである。分かりそうでも、分からなかったのが残念であると仰せられたのである。そこで表に現れてからは、親神様は人間に幸福を下さる心で充満しているのであるが、その心が悟れず、また人間が出世をする道を教えているのに、人間がそれを知らぬのも残念であるとおっしゃっているのである。

親神様は人間我が子の成人、出世を待ちかねておられるのであるが、人間は自分の行為が種になることを知らぬために出世ができないのである。お言葉に「といてきかしたことハない　しらぬがむりでハないい」と仰せられたとおり、ただ人間の中にはもうけるだけもうけて、倹約するだけ倹約して、それを老後の楽しみとする人が多い。生活の中から倹約するということは大切なことである。しかし、この倹約を乱用するために、失敗することになる。衣食住について無駄《むだ》な金銭を使わず、みな貯蓄するのは申し分ないことであるが、その倹約貯蓄した金を、世のため、天恩、神恩、人恩のご恩返しに使わせていただくその理が、出世、幸福の元になるのである。

十ド　ことしハこえおかず
　　じふぶんものをつくりとり
　　やれたのもしやありがたや

地上の田畑にまいたものには肥料がいるが、神の畑にまいたものには肥料がいらないのである。

今年は肥料をおかないで十分に陰徳財産を積ませていただくことができたので、やれたのもしいと、親神様がお喜びくだされているお言葉であると悟らせていただく。

十二下り目

一ッ　いちにだいくのうかゞひに
なにかのこともまかせおく
二ッ　ふしぎなふしんをするならバ
うかゞひたてゝいひつけよ

「ふしん」といえば、家屋の普請であると早合点《はやがてん》をし、この普請を不思議というのは、おかしいと考える人も中にはある。お道の人たちは、普請を不思議だとか、ありがたいとかいうのであるが、親神様の普請ということは、家屋の建築でなく、心のふしんであることを仰せられたのである。

親神様は人間をお造りくだされて以来、一度も心のふしんをしたことがないので、心のふしんをしなければならぬ時期が到来したことを教えられたのである。人間の魂は家にたとえて申せば古家のようなものである。土台がくさり、柱の根本が倒れかかっているようなもので、少しの風が吹けばすぐにこわれ、地震が起こればすぐに倒れるというような危険状態になっているのであり、心が倒れぬように建て直しをしなければならぬことを仰せられたのである。それを「不思議なふしん」「珍しいふしん」とせられたのである。この世の中がだんだんと古くなればなるほど、人間の霊魂も生まれかわりが多くなり、したがって魂も古くなるのであるが、魂の古いのはほこりが多く積もり重なっているのである。そのほこりが積もり重なるために、心が倒れるということになるのである。

そこで、このふしんをするについては、家の建築をするのと同じごとく大工もいる。大工を指図する棟梁《とうりょう》もいる。棟梁を指図する真柱となる者がなくてはならぬ。この真柱の指図によって、心の建て直しなり建築をするのである。

三ッ　みなせかいからだん〳〵と
きたるだいくににほいかけ

この心のふしんは、人間の知恵や学問から出たのでなく、親神様の、人間が長生きするように、肉体の不自由をつくらぬようにとの親心から出たものである。すなわち、心のふしんの建て直し、心の入れ替え、心の掃除のこの三つさえ親神様の思召《おぼしめし》によって実行すれば、心の完全なふしんが出来上がるのであり、これさえできれば肉体の不完全な者は一人もできなくなるのである。これによって、人間は喜び勇んで楽しめるようになり、親神様にもまた喜んでいただくのである。これを心の成人ができたというのであり、親神様のお待ち望まれるものである。

そこで「きたるだいく」とは信者のことをいう。「にほいかけ」というのは、親神様のご苦労、お慈悲を、この世の中を災難にあわぬよう、明るく通ることができる教えができたことを人間に知らしめると同時に、親神様と人間の霊魂と肉体とは、実の神、実の親子の関係になっていることを知らしめるのである。ゆえに人間は、親神様のお心に早く接近していかなければならないのである。

四ッ　よきとうりやうかあるならバ
　　　はやくこもとへよせておけ

「よきとうりやう」というのは悟りの早い人、感謝報恩の念の湧《わ》き出る人、人をたすけたいという心の人、親孝心の強固な人をいう。「こもとへよせておけ」とは、かような人々を親神様のもとに近づかせて、神と人間、教祖《おやさま》と人間の深い関係を結ばせておくことである。

同じ人間でも、たすけたい心の者もあるし、たすかりたいという心の者もある。いままでの宗教の信者の方針は、たすかりたい方針のみであったので、たすからぬときの神頼み式であった。言いかえれば、勝手の信仰であったと悟らねばならぬ。勝手信仰では天に通じないのであり、親神様はたすけたい精神に乗って働くのである。また反対に「よくがあるならやめてくれ」とのお言葉どおり、たすけたいという心と入れ替えて、初めて親神様に喜んでいただける。人間としては、上に向かっては神様のご恩を返し（つとめ一条）、下に向かってはたすけ一条でなければならぬ。この精神の実行が陽気ぐらしとなるのである。世の中には、物質のたすけもあり精神のたすけもあるが、人心をたすけたいという精神を多くすることが第一である。

教会長は、その教会の指導者であり、あらきとうりょう、たてまえとうりょう、こざいくとうりょうの、この三つを兼務して大工の親方となり、親神様に喜んでいただかねばならぬ。浅い信者にも人をたすける勉強をさせねばならぬ。そして信者はよふぼくとなり、よふぼくは教人《きょうと》となり、教人は教会長、教会長は部下教会を多数設置することとならねばならぬ。これが心のふしんであり、成人である。心のふしんができれば、必ず形のふしんも出来上がる。教会の普請にしても二十坪、三十坪ぐらいの狭い場所で親神様にお住まいいただくことは、大工の腕が足りない、また力もないのである。早くとうりょうになって教会の普請のご守護を頂かねばならないのである。

五ッ　いづれとうりやうよにんいる
はやくうかゞいたてゝみよ

教会とは親神様の出張り場所、お鎮まりくだされる場所をいう。その教会には必ず、とうりょうが四人あって、仕事ができるということを仰せられたのである。前述のごとく、四人とは「あらきとうりょう」「たてまえとうりょう」「こざいくとうりょう」「うかがいとうりょう」である。教会は会長一人だけでは仕事はできぬのである。人間の身体にしても、頭も胴も手も足もある。手足はとうりょうになるのである。胴あって頭あり、頭あって手足があるのである。胴には必ず頭がついている。頭の指図によって手足が動くのである。みな一手一つになって活動するのである。親神様のお住居《すまい》場所もそのとおりであって、頭はたった一つで、これが教会長であり、役員、教人、よふぼく、信者があって教会名称の理を頂くのである。すべて集団場所においては頭となる者がしっかりしなければならない。その頭となる人の判断力、決断力がにぶく、手に動かされ、足に動かされるようでは一手一つにならない。親神様は担任の精神に乗って働くと仰せられているごとく、手や足が威張《いば》っていては一手一つになることはできない。

会長が万一、若年である場合には、骨に肉を巻くと同じごとくに、とうりょうが芯《しん》である会長を巻いてこそ、とうりょうもたすかることができて成人し、また若年の会長も、ともに成人するのである。ここに大きなおたすけ場所が出来上がり、それがご鎮座まします親神様に喜んでいただくことになるのである。これがたすけ場所ともなり、たすかり場所ともなるのである。たすけるということは天理を明らかにして、明るい心の世渡りをしていただくことである。これが心の成人ともいい、かんろだい建設ともなるのである。ゆえに、たすけ場所は親神様のお働きくだされる場所であるといってもよい。また、人間が心の成人をすべき場所ともいうのは、心のふしん場所であり、たすけ場所であることを悟らなければならない。そこで、人間すなわち神の子供が、親神様のお心によって活動して全世界を救済するのである。

うかがいとうりょうについては、昔は神様にお伺いもできたのであるが、私情のために乱用することができなくなったとうかがっている。親神様のお心によって活動せねばならぬのを、自分勝手な方面に活動しようとした結果である。いまでも神様を利用する人もある。ゆえに、

よくがあるならやめてくれ　かみのうけとりでけんから　九下り目　4

と仰せられ、また、

なんぼしん〴〵したとても　こゝろえちがひはならんぞへ　六下り目　7

とも仰せられている。これらは神様が働いてくださされる筋道をじゃまずることになるのであり、また信仰しても、よくもまじりこうまんもまじっていては、その人のためによくないので、それを戒められたお言葉であると悟らねばならないのである。

信仰する者は、困ったときの神頼みでは親神様の思召に沿わぬ。また、我《が》でつとめたり、高慢でつとめたりするのは、親神様の思召に沿わぬ信仰でお受け取りがなく、不思議なお働きが頂けぬのである。ゆえに、先に立つ者は十分の注意をもって指導せねばならないのである。

「はやくうかゞいたてゝみよ」とのお言葉を早く実行して、正道を見つけていけということで、この道の正道、すなわちご神意が悟れたならば、伺い立てたと同様の理になるのである。よふぼくである以上は、悟る力を早く体験から求めなければならないのである。すなわち、理であるか情であるかを悟り、理であっても間口の狭い理、奥行きの浅い理などもあり、よく悟らなければならないのである。

六ッ　むりにこいとハいはんでな
いづれだん／＼つきくるで

親神様は人間の心をめいめいにお渡しくだされたのであるから、何ごとにかかわらず、わけて宗教は何ごとも教理によって自発的に進んで出たのでなければ長続きせぬのである。もし命令的なれば、絶対服従せねばならぬ。知恵を深く悟らせようとしても無理となるのである。無理というものは何ごとも天理に沿わぬので、日々不平不満、愚痴《ぐち》、不足となり、なんにもならないことになる。

むりにでやうといふでない　こゝろさだめのつくまでハ　九下り目　6

むしやうやたらにせきこむな　むねのうちよりしあんせよ　八下り目　6
むりにどうせといはんでな　そこはめいめいのむねしだい　七下り目　6
むりにとめるやないほどに　こゝろあるならたれなりと　十一下り目　6

と、可愛《かわい》い人間に間違いないように警告されたのである。

ゆえに信仰が進んでくればくるほど、親神様が元の神・実の神であることを確かめ、人間を造られた親神であることも確かめ、天地を開いてくだされた親神であることも確かめ、めいめいの身体《からだ》に入り込んで生かしてくだされ、丈夫にしてくださる親神であることも確かめ、人間の心遣いを善悪にかかわらず監督してくだされ、その心遣いを種としてめいめいの心の畑にまいてくださることも確かめ、さらにまた親神とは水の神、火の神、風の神であり、生物に対して日夜お働きくだされることも確かめ、人間の肉体に入り込んでは、ぬくみ、水気《すいき》、つく息ひく息のご守護を下される神であることも確かめなければならない。これさえ分かったならば、信仰を進めて一も二もなく信仰させていただきたいというようになってくるのを、「いづれだんだんつきくるで」と仰せになられたのである。

心の成人というものは、第一、親神様のご存在とお働きを知ってこそ成人してくるのである。この方面に悟りの早い人は、心を明るくして世の中を通ることができるのである。

未信者には親神様と人間の関係を十分に説いて、親神様あっての人間ということを悟ってもらわねばならぬ。たとえば親神様はありがたいといっても、親子関係が分かって初めてありがたいというのでなければ、本当の信仰とはいえない。物欲からありがたいのは長続きしない。親神様の人間可愛い思召を悟って出たありがたさは永久的である。これをよく信者、未信者に十分に説明しなければならぬ。説明しておけば畑に種をまいたごとく、その種が割れて芽を出し、芯が伸び、花が咲き、実を結ぶ。この実が世の中のためになると同じように、「だんだんつきくる」というのは、信者からよふぼくとなり、よふぼくから教人となり、人心救済の大道具となって、ついには生きていても、亡くなっても、神様同様に扱われるようになる。これが「死しても名を残す」ということになる。

人間に生まれたならば、こういう仕事をして生涯を全《まっと》うしなければ、本懐といえないのである。それを知らず、金銭、財産のどれいとなって、そのために大病、災難にあい、生命を失うようなことは、祖先に対して名を汚し、子孫に対しては恥を残したことになるので、お互いによく思案して世の中を通らなければならぬ。

七ッ　なにかめづらしこのふしん しかけたことならきりハない

「心ぶしん」を「珍しいふしん」とおっしゃるのであって、宗教には人心救済といっても、ただ人心救済のみでは、そのときのたすけだけであって、心のふしんすなわち精神のふしんを教えるのは、親神様のおつくりくだされた天理の御《み》教えよりほかにないのである。これから、いずれの人間も、その身体は親神様のお造りくだされた身体であり、心も親神様からのご分霊であることを悟らなければならぬ。

そして、その心が汚れているために病気・災難が現れてくる。人間はみな、自分から日々病気・災難の心遣いを製造していることを悟らなければならぬ。しるしとして現れた身上・事情は知っていても、その精神的原因を知らぬために、心のふしんに気づかぬのである。それは無理はないのであって、心の姿を知った者はないから、汚れているかきれいであるかを見分けることができない。人間たるものは、一度は必ず心の掃除をして、ふしんのやり直しをしなければならぬときが来るのである。

幸いに、われわれ天理教の信者は、同じ人間であるけれども、親神様のお話を聞かせていただいて魂の掃除もできて、ふしんをする道筋に入ったならば、これ以上の幸福はないのである。ゆえに「しかけたことならきりハない」と仰せられるごとく、身上・事情を頂くごとに、あれが悪かった、これが悪かったということを見いだすことができるのである。すなわち、悪かったということが魂の汚れているということであると悟る力ができたのである。ゆえに、心の掃除ができればできるほど心の明るさが増してきて、心が明るくなれば自分の行為も明るくなり、日々喜んで楽しく明るい生活が送れるようになるのである。心が病気・災難も製造せず、親神様に喜んでいただける行為をのみするようになる。そして親神様に喜んでいただく理が自分に戻って、喜びの生活を送れるようになるのであって、これを人生の一大改革というのである。

八ッ　やまのなかへとゆくならバ
　　　あらきとうりやうつれてゆけ

「やまのなか」とは天理教信者のいない町村、教会のない町村と述べたが、「ゆく」というのは布教に行くことをいう。布教に行くとすれば、活発な勇気のある、度胸のある、自分の身命を賭《と》して教祖《おやさま》のお供《とも》をして布教に邁進《まいしん》するおたすけ人を連れていかねばならない。これを、あらきとうりょうとおっしゃるのである。もしそういうとうりょうとなるべき者を連れていかなかった場合には、布教者そのものがあらきとうりょうと同じ精神をもって、人心救済に出発せねばならぬ。もし布教に行き詰まりが生じた場合は、あらきとうりょうの精神になっているか否《いな》かを反省してみなければならない。布教は単に衣食住の苦労ばかりでなく、たすけ一条の苦労をしなければならない。教祖と離れた場合は布教は成立せず、またあらきとうりょうの精神を失った場合は成功しない。たとえ山の中でなくとも、里へ行くのでも、また布教の目鼻がついても、我が身思案や高慢になった場合は、親神様、教祖から離れたことになり、あらきとうりょうでなくなったことに注意しなければならない。

九ッ　これハこざいくとうりやうや
たてまへとうりやうこれかんな

こざいくとうりょうとは先に述べたごとく、形の建築ならば屋敷とか床の間とかを仕上げると同じごとく、中流以上の信者、または学者、金持ちなどを仕上げていくとうりょうである。たてまえとうりょうというのは、別席運び、おさづけの理拝戴《はいたい》、修養科入科や教会長となるべき精神を仕上げていく者である。この者は信者、よふぼく、教人、教会長の精神が進んでいるか、遅れているかを見る力がなければならない。いずれもかんなを持っているとうりょうであるから、出すぎたところや、引っ込みすぎたところや、たてつけの合わぬところを削るなり、足すなりして合わせていく力を持たなければならない。

すなわち教会長はあらきとうりょう、こざいくとうりょう、たてまえとうりょうとなるべき勉強をせねばならないのである。徳がないのではない。いんねんが深いのではない。我が身思案が多いのである。我が身思案の精神を、度胸ある、勇気のある、教理の明らかな決断力のある精神と入れ替えせねばならぬ。

十ド　このたびいちれつに
　　　だいくのにんもそろひきた

信者がだんだんと大工の仕事を覚えるようになってきた。大工の仕事とは前述のごとくおさづけの理を戴《いただ》き、天理教の教人となって、たすかりたい心を放棄して、たすけたい精神と入れ替え、ひのきしん精神で、神様に対してはつとめ一条、人間に対してはたすけ一条をもって働く人たちが増えて、親神様へ親孝行のできる人員が揃《そろ》ってきたということを仰せられているのである。

解説

諸井　慶一郎

本書は本愛《ほんあい》大教会初代会長・安藤正吉先生が『本愛』誌に、昭和二十五年八月から七年間に亙《わた》って毎号連載されたものを、一冊の本にまとめたものであります。

「講話」と題されているように、みかぐらうたの意味内容を解釈講義されたのではなくて、先生自身の信仰をみかぐらうたを台として、こと細かく吐露《とろ》せられたものであります。

また本書は、みかぐらうたの順序に従って口述されたのではなくて、三下り目三ッから始めて、先生がその時その時胸に浮かぶ一節ないしは数節をだんだん述べていかれ、九下り目八、九、十を最後に全部を述べ終えられたのでありまして、そのために前後が一貫しない点も多々あるわけです。

先生は、

「何とか生きているうちに完成して後々の者に私の信仰を伝えたいと思う」

と仰言《おっしゃ》ったそうですが、昭和三十一年十二月をもって全部口述し終えられたその直後の、三十二年二月に倒れられ、同年十二月に八十一歳でお出直しになりました。

先生は、御家内とお母さんが先に入信され、その熱心なすすめで、東本《とうほん》大教会の初代会長さんからお話を聞いて入信されました。先生は静岡県藤枝《ふじえだ》の出身でありますが、若くより東京・巣鴨《すがも》駅の駅長をつとめ、入信当時は同じ巣鴨で運送業を手広くやっておられました。

先生には四人の男の子があったそうですが、下から順に亡くされ、一家根絶やしのいんねんを悟り、「財産より子宝が大切」との決心のもとにお道を踏み出されたそうで、東本大教会の団参に加わって初めておぢばがえりをするその出発の朝、ついに次男も息を引き取ったのを、

「神様に一旦《いったん》お誓いしたことは、たとえどのようなことが起こっても実行しなければならぬ」

と考えて、葬儀を家人にまかせ、目をつぶって大和《やまと》へ発《た》たれたそうであります。明治四十二年の十一月、三十三歳の時のことであります。

翌年おさづけを戴《いただ》かれてからは、家業のかたわら布教に廻《まわ》っておられましたが、明治四十五年に教校別科第八期を出られると、商売の整理をされて、大正二年十一月に御家内と

一緒に名古屋に布教に出られ、翌年、本愛宣教所を設立されてからは、十年ごとに支教会、分教会、大教会と昇格されました。

また先生は、名古屋に布教に出られる前に神様とお約束をなされたそうで、布教に出てから後は、毎月五日に上京し、十二日に名古屋に戻って十三日の月次祭をすませ、十五日にまた上京し、十六日が東本大教会の月次祭、二十六日の御本部の月次祭に参拝すると、また名古屋へ戻って一日の入社祭、また五日には上京するという具合に、上級教会一すじにおつとめになり、これは昭和二十三年末に御本部の神殿おたすけ掛を拝命するまでの三十五年間、欠かすことなくお続けになったそうであります。またそれ以後は、身上で倒れるまで、毎月七日から十四日まで御本部神殿につとめられ、十五日に東本大教会へ行かれ、二十四日に御本部月次祭に帰るという毎月であられたようであります。

本書を読ませていただいて私なりに感じた点を幾つか記させてもらいますと、まず第一に、みかぐらうたの講話を口述された先生の思いは何かということですが、それは「確かな信仰」を本愛部内の後に続く方々に伝えたいという一点であります。その「確かな」というのは「天の親神様に通じる」信仰であります。すなわち、徹底して神の道を歩め、そのためには理の悟りと実行を旨とせよ、そうしないと信仰を失敗するぞ、ということであります。そしてこの「理の悟りと実行」へと導くべく、先生の実行によって検証された理の悟りを説いておられるのであります。

本書における先生の理の悟りの骨子を要約しますと、確かな信仰をするには、親神様の御存在とお働き、心の存在と働きを知らねばならない。すなわち、この世の主人公は親神様であり、肉体の主人公は心である。そして心通りを善悪細大もらさずその者に戻してやるというのが天の理（筋道）である。この天理天則をもって親神様は心の取り締まりをしてくだされているのであって、それも罰を与えるというのではなく、子供可愛《かわい》い御心からである。

そこで人間は親神様と親密な関係を結ばなければならないのであって、親不孝いんねんはお詫《わ》びして、親孝行でいかねばならない。

親神様への親孝行の道は二つあって、一つは親神様と人間との関係で、親神様の御恩を知って感謝報恩の生活をする、すなわち陰徳を積むこと、心に無形の財産を積むことである。いま一つは人間と人間との関係で、我が身中心主義で魂にほこりを積み合うと身上・事情となる。そこで魂のほこりを掃除することである。魂に陰徳を積むことによって金銭や衣食住のお恵みに報い、魂の掃除によって健康と長命の御恩に報いる。この二つによって陽気ぐらしの世渡りができる。

そして親神様は「神の田地」を知らしてくださり、「たすける理がたすかる」と仰せくださった。すなわち、親神様に対してはつとめ一条で、お礼奉公のひのきしん、人に対してはたすけ一条で、おさづけで生命をたすけ、お話で精神をたすけてゆくおたすけの実行を知らねばならない。

本書を読むと、理の悟りと実行に力強く引き出されるのでありますが、その説得力の起因するところを挙げれば、

理路整然としていること――親神様の教えを受けた我々教人は「なにかいさい」をしっかり勉強し研究しなければならない、と仰言《おっしゃ》っているその結果が、ご教理の体系的組み立てとなったのだと拝察します。

簡潔明瞭《めいりょう》であること――実行の教理なのであって、悟りが複雑曖昧《あいまい》では即実行というわけにいかない。先生が自他の精神救済に専念されたのが簡明さとなった。

悟りに深みのあること――早くよふぼく以上は悟る力を体験から求めなければならない、と仰言る先生が、身上・事情は親の声とも聞かせていただく、その神の声の通訳者として通られた誇りと喜びが悟りの深みとなった。

確信的であること――「信ずべし信ずべからず」で、実行をもって一つ一つ理の悟りの検証をされた体験的裏打ちが確信となった。

真情がにじみ出ていること――確かな信仰を伝えたい、おたすけ人に成人させたいとの先生の熱烈な思いが真情の漲《みなぎ》りとなった。

そしてこれらの諸点が本書の特徴であり、本書を無二の教理書たらしめている点であると思います。

先生は単独布教当時から、必ずみかぐらうた本を懐《ふところ》にして通られ、また本愛の布教師にはその通りを仕込まれたそうですが、先生の信仰はまさしく「みかぐらうたの信仰」であります。念じ、唱え、てをどりをするというおつとめの本来の意味において「みかぐらうたの信仰」であったと思います。

私見になりますが、原典中みかぐらうたの特徴は理のてをどり、すなわち実行の促しであり、その主点はたすけ一条、ぢば一条の信仰であります。おふでさきは親神様の子供可愛い親心のくどきであり、その主点は世界中の胸の掃除のもよう立てであります。おさしづは理の諭しであり、その主点はいんねんの理であります。このおふでさきの特徴、主点をみかぐらうたの場面、つまりてをどりをする立場から受けて立つとき、親不孝のお詫《わ》びと親孝行の実行となり、おさしづの場合は種まき徳積みの実行となる。すなわち、お礼奉公のひのきしんであります。そして、ひのきしんの実行者へと自他の精神を改良してゆくのが心のふしんであります。そこで「ひのきしん」と「ふしん」がみかぐらうたに特徴的に仰せいただくのだと思われます。

先生は本書において、教理とその実行の各般に亙《わた》って説かれていますが、その中で特に、感謝報恩、親孝行、ひのきしん、種と畑、陰徳、心の病、精神だすけ等について、繰り返し繰り返し述べておられますのは、まさしくみかぐらうたの核心に迫っておられたからだと拝察します。

とりわけ、七下り目の「種」と「畑」のお話は、晩年、事あるたびに必ずといってよいほど、飽くことなく説き続けられたそうでありますが、「いんねん」の理を「てをどり」の場に立って、まことに明快に、しかも詳細に悟り取られ、お説きくださった先生の心眼に、敬服せずにはおれません。

十七年前に本愛大教会で目にした二首のうた〝天地《あめつち》と分かれし中の人なれば、下を恵みて上をうやまへ〟〝心こそ心まよはす心なれ、心にこゝろ心ゆるすな〟これが先生の教えに接した始まりで、その後『信の生涯』（昭和二十五年）、『用木の道』（昭和三十三年）、

『みかぐら歌講話』（昭和四十二年）、『自他精神救済の礎』（昭和二十二年）と順次書物で薫陶《くんとう》を受けましたが、先生の生前を知らぬ若輩《じゃくはい》の私に解説の依頼を受けたことを光栄に思う次第であります。

共々に本書を熟読玩味《がんみ》して、信仰の本筋を通らせてもらいたいものであります。

（山名大教会長）

※この解説は、昭和五十四年刊の「道友社新書」より再録しました。

みかぐらうた講《こう》話《わ》

立教168年（2005年） 7月26日 初版第1刷発行
立教172年（2009年） 10月26日 初版第2刷発行

著 者 安《あん》藤《どう》正《まさ》吉《よし》

発行所 天理教道友社
〒632-8686 奈良県天理市三島町271
電話 0743（62）5388
振替 00900-7-10367

印刷所 株式会社天理時報社
〒632-0083 奈良県天理市稲葉町80

ISBN978-4-8073-0500-1
定価はカバーに表示